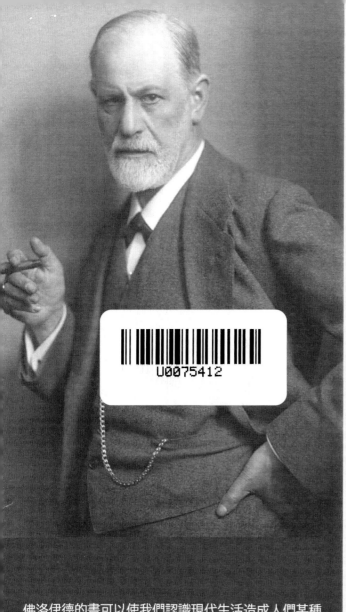

你佛洛伊德系的？

跟著佛洛伊德看潛意識的奧秘

劉燁 編譯

佛洛伊德的書可以使我們認識現代生活造成人們某種
精神疾病的根源，從而有效地調節，完沒我們的人生。

崧燁文化

目錄

內容提要

　　本書是集佛洛伊德思想之大成的作品。作者在書中以大量實例闡釋其理論，並進行細緻深入的分析。從書中我們可以瞭解人的心理結構，探索精神病態及其起源的相關知識，剖析人類的性愛問題，還可以發掘精神與夢的關係。當然，原著亦有不足之處，比如許多令人費解的心理學理論，又由於某些內容缺乏連貫性和用詞晦澀，使人難以領略。故在編譯時，譯者對原著的用詞和段落進行了適當的刪節和改動，目的就是使讀者可以較輕鬆地理解佛洛伊德的理論。

序言

　　西格蒙德·佛洛伊德，一八五六年五月六日出生於奧地利的摩拉維亞。四歲時全家遷至維也納定居。佛洛伊德在中學時代，就已展露出非凡的聰慧。十七歲時考入維也納大學醫學系。一八七六年到一八八一年，佛洛伊德在著名生理學家約瑟夫·布羅伊爾的指導下，開始進行研究。一八八一年獲得醫學博士學位，並在布羅伊爾的支持下，合開了私人診所，擔任臨床神經專科醫生。一八八六年，與瑪莎·貝奈斯結婚，育有三個兒子和三個女兒。女兒安娜·佛洛伊德繼承了他的事業，也成為著名的心理學家。二戰期間，由於德國納粹黨的迫害，佛洛伊德於一九三八年遷居至英國倫敦，並於次年十二月二十三日，因口腔癌在倫敦逝世。

　　佛洛伊德是精神分析學的創始人，他的一系列著作：《歇斯底里症研究》（一八九五）、《夢的解析》（一九零零）、《性學三論》（一九零五）、《論無意識》（一九一五）、《自我與本我》（一九二三）、《焦慮問題》（一九二六）、《自我和防禦機制》（一九三六）等，對後人產生了深遠的影響。他的心理學理論，不是一般意義上的哲學，甚至也不同於一般的心理學，因為它主要是作為一種精神病治療方法的理論。讀佛洛伊德的書，可以使我們認識現代生活中造成人們精神疾病的根源，從而有效地調節、完善人生。本書正是佛洛伊德原著代表作的精選譯本，其內容包括：

　　自我、本我、超我人的心理結構分為三個部分：「本我」、「自我」和「超我」。「本我」是生理的、本能的、無意識的東西，缺乏邏輯性，只是追求

滿足，無視社會價值；「自我」是理性的、通達事理的，與激情的本我相對，是可以控制的；「超我」負有監督本我的使命，有道德良心、負罪感，具有自我觀察、為自我規劃理想的功能。

精神分析科學的特點在於方法，而非研究的對象。這些方法可以在研究文化史、宗教、神話學及精神醫學時，不喪失其中的基本性質。精神分析的目的及成就，在於發現心靈深處的潛意識。

性愛密碼在佛洛伊德以前，人們對「性」問題的研究大都停留在對現象的認識上。佛洛伊德的研究發現了性心理發展的規律，揭示了性心理在人類生活中的重要作用，率先改變人類對這門知識的看法，提供人們全面認識自身的契機。

夢的解析真的猶如空中樓閣嗎？諺語有云：「鵝夢見什麼？牠夢見玉米」、「豬夢見什麼？牠夢見粟。」夢並不是毫無意義，也不是人們意識裡混沌、荒誕的產物，夢是一種有效的精神現象——代表著願望的實現。

本書是集佛洛伊德思想之大成的作品。作者在書中以大量實例闡釋其理論，並進行細緻深入的分析。從書中我們可以瞭解人的心理結構，探索精神病態及其起源的相關知識，剖析人類的性愛問題，還可以發掘精神與夢的關係。當然，原著亦有不足之處，比如許多令人費解的心理學理論，又由於某些內容缺乏連貫性和用詞晦澀，使人難以領略。故在編譯時，譯者對原著的用詞和段落進行了適當的刪節和改動，目的就是使讀者可以較輕鬆地理解佛洛伊德的理論。

劉燁

第一章 本我、自我、超我

　　本章佛洛伊德把人的心理結構分為「本我」、「自我」和「超我」三個部分。「本我」包括了所有原始的遺傳本能和慾望，宛如「一口沸騰的激動大鍋」，其中最根本的是性慾衝動，即所謂的「性力」（欲力），為各種本能衝動、慾望提供力量，是人精神活動的泉源。「自我」代表的是理性和判斷，它既要滿足「本我」的要求，又要使之符合「現實」，調節兩者之間的衝突。但「自我」並不能脫離「本我」而獨立存在，它不僅為「本我」服務，而且必須依靠「本我」提供的能量來活動。「超我」則代表一種對本我的道德限制（即良心），與「本我」處於對立的地位。它不僅使「本我」無法立即得到滿足，甚至最終都不能得到滿足，它指導「自我」去限制「本我」的衝動。一般情況下，「本我」、「自我」、「超我」三者處於平衡狀態，而它們之間的關係失調，就是人行為失常的根源。

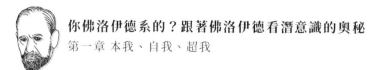
█意識和潛意識

按語：

「意識」是人心理狀態的最高形式，是人心理因素世界中的「首腦」，統治、協調著整個精神世界。即在意識的管轄下，精神生活才具有穩定合理的特點。「前意識」屬於意識的觀念和思想，因與現實的生活無關，被排除出意識，留在意識附近，可以較快、較易地進入意識領域內；而在意識和前意識以外，即是「潛意識」，是人類精神中占據最大量、最原始的部分。在精神世界中，潛意識被壓在最深處、最底層，但也最活躍，總是設法浮現到意識表層上來。

將心理生活劃分為意識和潛意識的，這是精神分析依據的基本前提，而且只有如此劃分，才能瞭解在心理生活中那些普遍而重要的病理過程，並在科學的框架中為其尋找到一席之地。換言之，精神分析不能承認意識是心理生活本質的看法，但也不否認意識是心理生活的一種屬性。在心理生活中，意識可以與其他屬性共存，也可以不復存在。

生活中有許多人不承認潛意識的存在，因為對多數受過哲學教育的人來說，任何沒有意識的心理觀念是如此令人難以置信，以至於在他們看來似乎是極其荒謬的，簡直可以用邏輯一駁即倒。對於不承認潛意識，在我看來，只是因為他們從來沒有研究過催眠和夢的相關現象——這種現象和病理現象大不相同——才能得出這一結論。事實上，對於催眠和夢的問題，他們的意識心理學是無法解決的。

首先，「意識」一詞是一個純描述性的術語，它建立在最直接、最具確定性的知覺基礎上。其次，經驗表明，一種心理元素（例如，一個觀念）一般說來不是永遠有意識的；相反，意識狀態的特點正是瞬息萬變。一個現存的意識觀念，片刻之後或許就不再是有意識的了，雖然在某些很容易出現的條件下還能再成為有意識。那麼，這個觀念在中間階段究竟是什麼？對此，我們一無所知。但我們可以說它是潛伏的，也就是說，它能隨時成為有意識；

或者我們說它是潛意識，亦是正確的描述。在這個意義上，「潛意識」一詞是與「潛伏著且能成為有意識」相一致。

另外我們已沿著另一途徑，透過考察某些經驗中心理動力的影響，發現了「潛意識」這一概念。我們被迫假定，其中存在著一些強大的心理過程或觀念——一種數量化或實用的因素第一次得到討論，它在心理活動中與日常觀念一樣，能產生一切結果，（包括能像觀念那樣產生有意識的結果），即便本身並非有意識。這些觀念之所以無法成為有意識，是因為有一定的力量與之互相抗衡，可知這些觀念與其他公認的心理元素並沒有多大的差別。而在精神分析技巧中已經發現了一種方法，能消除那種抗衡的力量，進而使那些觀念成為有意識，使這一理論成為無可辯駁的事實。我們把觀念成為有意識之前的存在狀態稱為「壓抑」，並斷言：產生和保持這種壓抑的力量，在分析工作中被理解為「抵抗」。

因此我們從壓抑理論中，獲得了潛意識的概念。在我們看來，壓抑為我們提供了潛意識的原型；但我們也發現，人類有兩種潛意識：一種雖潛伏，但能成為有意識；另一種是被壓抑，也不能成為有意識。這種對心理動力學的洞察，也影響到了術語和描述。那種潛伏、只在描述意義上，而非動力學意義上的潛意識，我們稱之為「前意識」；而把「潛意識」一詞留給那種被壓抑的、動力學上的潛意識。在此，我們有了三個術語：即意識、前意識和潛意識，它們不再只具有純描述意義。前意識可能比潛意識更接近意識，既然我們已經把潛意識稱為一種心理，前意識自然也是一種心理。而為什麼我們要從意識的心理活動中區分出前意識和潛意識，而不願意與哲學家們保持一致？哲學家們也許會認為，只要把前意識和潛意識描述為「類心理」的兩種類型或兩個階段，和諧就會建立起來；但無數的困難就會在之後的說明中接踵而至。這兩種「類心理」幾乎在每一方面都和公認的心理相一致，但這個重要的事實從「類心理」還不為人所知的時候，就已被迫處於一種偏見中。

我們必須記得：雖然在描述性意義上有兩種潛意識，但在動力學意義上卻只有一種潛意識。明白這一點，我們就可以著手研究意識、前意識和潛意識這三個術語了。為了更好地說明，在某些情況下可以不理睬這種劃分；但

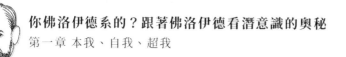

在另一些情況下，這種劃分必不可少。同時，我們多少已習慣了潛意識一詞擁有兩種意義，並且能將它們運用自如。就我看來，要避免術語意義上的不明確是不可能的。因為意識和潛意識之間的劃分，不過是需要一個必須「肯定」或「否定」的知覺問題，但知覺本身的行動並沒有告訴我們，為什麼會知覺到、沒有知覺到一件事物。誰也沒有抱怨的權利，因為實際現象表達出的動力因素本來就是意義不明的（這一點，可以參見我的《論潛意識》這篇後設心理學論文的第一節和第二節）。

然而，在精神分析的進一步發展中已經證明：這些劃分並不足夠。就實際目的來說也是如此，在許多方面也已清楚表明了這點。但決定性的情況如下：我們已經闡述了，每個人的心理過程都有一連貫組織的觀念，我們稱之為「自我」。這個自我與意識相聯繫，控制著能動性的通路——也就是把興奮排除到外部世界的道路。正是這個心理機制，調節著自身的一切形成過程；而到了晚上自我就會睡眠，但即使在這個時候，它仍然會檢查夢境；自我由此還起著壓抑作用，壓抑不僅把某些心理傾向排除在意識之外，並禁止它們採取其他的表現形式或活動。在精神分析中，這些被排斥的傾向與自我對立，自我抵抗著那些被壓抑的表現，精神分析的任務就是要排除這些抵抗。

我們發現：在分析期間，當我們把某些任務擺在病人面前時，他便會陷入困境——當他的聯想已經接近被壓抑的事物時，他就無法聯想下去了。於是我們告訴他：「你正被一種抵抗支配著。」但他卻無法意識到這點，即使他從不舒服的感受中知覺到——在自己身上有一種抵抗感；但他既不知道這種抵抗是什麼，也不知道如何描述它。

這種抵抗來源於他的自我，並屬於自我，這是毋庸置疑的。我們會發現自己處在一種意識之外的情境中。我們在自我本身也發現了某種潛意識的事物，它的行為就像被壓抑的事物一樣，雖然它本身並非有意識，卻會產生很大的影響；而若要使它成為有意識，就需要做特殊的工作。從分析實踐的觀點來看，這種觀察的結果是：如果我們堅持從前那種慣有的表達方式，試圖從意識和潛意識的爭論中發現精神官能症，就會陷入無盡的混亂之中。我們不得不用另一種對立——這種對立源自我們對心理結構條件的理解——來代

替這種對立，即有組織的自我，和被壓抑的、從中分裂出去的自我之間的對立。

但對潛意識概念來說，我們所發現的結果甚至更為重要。動力學的考慮促使我們作出第一次更正；心理結構的知識則導致了第二次更正。我們承認：潛意識並非與被壓抑的事物一致，但一切被壓抑的事物都是潛意識。即並非所有潛意識都是被壓抑的，自我的一部分也能是潛意識，這是毫無疑問的。這種屬於自我的潛意識，不像前意識那樣是潛伏的；因為它如果不能成為有意識，就無法被刺激，使它成為有意識的過程就會遇到困難。當我們發現自己面臨著，必須假定有一個不被壓抑的第三種潛意識時，我們必須承認：成為潛意識的這種性質已開始失去了意義，它已成了可能具有多種含義的性質了。如此就不能像原本希望的那樣，使它成為深遠的、必然性結論的依據。然而我們必須當心，不要忽視這種性質，因為其最後究竟會成為意識抑或潛意識，這種性質是看透深層心理學奧祕的唯一一束光。

自我和本我

按語：

「本我」是遺傳下來的動物性本能，是一種原始動力機制，目標是毫不掩飾地滿足生物慾望，其內部充滿了非理性、反社會和破壞性的衝動，是潛意識結構的一部分，是所有本能的載體，它與生俱來，是最原始的部分，遵循著快樂原則；「自我」是每個人都擁有的心理內涵，是理性、意識的主體結構部分，它控制著能動性的入口，將興奮排除到外部世界，處於本我與外界之間，根據外部世界的需要來活動，在現實原則中感受情感。「自我」調節著「本我」，與之對立，是檢查精神內部運動的過程。「自我」是部分意識的參與者，它的任務是使「本我」能與外界社會更好地協調，並採取某種方式，轉移不能被社會接受的本能衝動。

病理學的研究使我們的興趣完全集中到被壓抑的方面。前面我們已經知道：「自我」在本來的意義上亦可能是潛意識。由此，我們希望能更深入的瞭解「自我」。目前為止，我們從事研究的唯一嚮導是意識和潛意識的區分；最後我們卻發現，這個區分標準本身的意義就不明確。

我們的一切知識都與意識有著密切的關聯，潛意識的知識也必須再成為意識後才能獲得。但這要如何才能成真？當我們說「使某事物成為有意識」的時候，是什麼意思？又是如何發生的？

就此而言，我們已經知道這方面必須從何處出發。我們說過：意識是心理結構的外表。也就是說，我們已經把知覺劃歸為空間上最靠近外部世界的系統了。順道解釋，在這種情況下，使用局部解析學的術語並不僅僅是用來描述該機能的性質，實際上也符合解剖事實。我們的研究必須把知覺的這個表面——器官，作為一個出發點。

我們從外部和內部——我們稱之為感覺和情感，獲得的一切知覺，一開始就是有意識的。但知覺在思維過程的名義下，如何能模糊、不確切地概括那些內部過程，並予以聯繫？知覺代表心理能量的轉移，而這種能量是在付諸行動的過程中，在結構某處獲得的。是知覺朝著容許意識發展的外表前進？

還是意識朝知覺走來？這顯然是，若採用心理學生活的空間概念或心理地形學時，會遇到的困難之一。但這兩種可能性都都是無法想像的，若要解決這一問題，必須要有第三種可能性。（譯註：在《論潛意識》的第二節中，已對此作了更長篇的討論）

在其他地方（譯註：即指《論潛意識》）我已說過，潛意識觀念和前意識觀念（思想）之間真正的差別在於：前者是在未被認識到的某種材料中產生的；後者則與字詞表象相聯繫。這是第一次為前意識和潛意識兩種系統找到區分標準，而並非區分它們與意識的關係。故若把「一件事情如何成為意識？」這個問題說成「一件事情如何成為前意識？」可能更會有利。且這個答案就會是「透過與之相應的字詞表象，聯繫而成。」

這些字詞表象即是記憶痕跡：它們曾經是知覺，像一切記憶痕跡一樣，它們能再次成為意識。在我們進一步論述其性質之前，我們開始認識到一個新的發現──只有那些曾經是意識知覺的事物，才能成為意識。從內容（情感除外）產生的任何事物，若想成為有意識，必須努力轉變為外部知覺，而這只有借助記憶痕跡才能做到。

我們把記憶痕跡想像為，被包含在前意識中，即與意識知覺系統相連。如此，那些記憶痕跡很快就能擴展到知覺系統上，此時會使我們產生幻覺、想起某個事實。但最生動的記憶總是能從幻覺中、外部知覺中區分出來（這個觀點在布羅伊爾對《歇斯底里症研究》的理論貢獻中得到過表述）；但我們馬上發現，因為記憶系統仍保存著的精力專注，若記憶再現時不僅向知覺擴展，甚至完全超越了知覺時，就會產生無法與知覺區分的幻覺。

言語痕跡主要由聽覺獲得，這樣就可以說，前意識系統有一個特殊的感覺源，一個詞的實質上，是被聽見時的記憶痕跡；字詞表象透過閱讀，即視覺獲得，可以把它先放在一邊。除了聾啞人之外，那些有著輔助作用的感覺運動表象也是如此。

但我們絕不能為了簡化而誤入歧途，忘了視覺記憶痕跡的重要性──即那些和語句不同事物的重要性，也不能否認透過恢復視覺痕跡，思維過程就能成為意識。在許多人看來，這似乎是一種適當的方法。在沃倫冬克的觀察

中，研究夢和前意識幻想，即能提供這種視覺思維的特殊觀念。我們知道，成為意識的事物一般說來只是具體的思維主題，卻不能對主題成分之間的獨特關係做出視覺反應。所以，圖像思維只是成為意識上一個很不完全的形式。但從某種程度上說，它比字詞思維更接近潛意識，而且毋庸置疑，在個體發生學和種系發生學上，圖像思維都比字詞思維還要古老。

讓我們回到我們的爭論中來：如果這是使本身是潛意識的事物成為前意識的方法，那麼，對於被壓抑的東西如何成為前意識，我們便可以做出以下回答：透過分析工作，來提供前意識的中間聯繫方能達成。因此意識保持在原位，但另一方面，潛意識則不上升為意識。

鑒於外部知覺和自我之間的關係非常清楚，內部知覺和自我之間的關係則需要做特別的研究。它再次引起了一種懷疑：即把整個意識歸屬於一個知覺，意識的外表系統是否真有道理。

內部知覺產生過程感覺，而過程感覺是以最多樣的形式，亦是從心理結構的最深層產生。關於這些感覺和情感我們知之甚少；我們所知道關於內部知覺最好的例子，是那些屬於快樂、不快樂（痛苦）的事物。它們比從外部知覺更主要、更基本，甚至當意識朦朧不清時也會產生。我曾在《超越快樂原則》一書中，對其更大的經濟學意義及後設心理學的基礎予以論述。內部知覺就像外部知覺一樣多層次，並可能同時來自不同的地方，而因此具有不同的、甚至相反的性質。

快樂並不具有任何內在推動性的特點；但不快樂卻具有最高程度的這種性質。後者促進變化、釋放，這就是我們將不快樂解釋為能夠提高能量專注，而把快樂解釋為降低能量專注的原因。我們不妨把在快樂和不快樂形式下成為意識的事物，描述為心理事件過程中，一種數量和本質「都尚未確定的成分」；那麼問題就會是，該成分是否能在它實際所在的地方成為意識，或者是否必須先把它轉換到知覺系統中。

臨床經驗向我們表明，這個「未確定成分」的舉動就像一個被壓抑的衝動。如果自我不加強制，它就會施加內驅力，直到對該強制產生抵抗，釋放行動被阻止，這個「未確定成分」才能迅速成為不快樂的意識。同樣，由身

體需要所產生的緊張可保持為潛意識，身體的痛苦也可以如此——它是介於內部與外部知覺之間的一種東西，甚至當其根源是在外部世界時，它行動起來也像一種內在知覺。因此，它再次真實地表明：感覺和情感只有到達知覺系統才能成為意識；如果前進的道路受阻，即使在興奮的過程中，與它們一致的「不確定成分」和它們做得一樣，它們也不會作為感覺出現。於是，我們就以一種凝縮的、並不完全正確的方式來討論「潛意識情感」，它與並不完全正確的潛意識觀念相似。事實上它的不同在於：與潛意識觀念聯繫，必須在它們被帶入意識之前就已經形成；而對本身可以直接轉換的情感來說則無此必要了。換句話說，意識和前意識的區分對情感來講並沒有意義，前意識在此不予考慮——因為，情感要麼是意識的，要麼是潛意識的。甚至當它們和字詞表象聯繫在一起時，它們也不是以這種聯繫成為意識，而是直接形成。

字詞表象所起的作用現在已完全清楚了。由於它們的作用，內在思維過程變成了知覺，它就像對該原理的證明一樣，即一切外部知覺中的知識都有根源。當思維過程過度專注時，思想是在實際意義上被感知的，就像它們來自外界一樣，因此會被認為是真實的。

在把外部知覺、內部知覺、前意識知覺，這些意識表面系統間的關係作了澄清後，就可以繼續研究「自我」的概念了。我們發現這顯然要從它的中心——知覺系統著手，並且在一開始就要抓住接近記憶痕跡的前意識。但我們已經知道，這個自我也是潛意識的。

有一位作家從個人動機出發，堅持認為自己和純科學的嚴密性不相干，而我認為，若能聽從他的建議我們將得到很多便利。這位作家就是維也納的喬治·格勞代克，他執著地認為，在所謂的自我生活中表現出來的行為基本上是被動的，就像他所說的：我們是在知道的，但無法控制的力量下「生活」著。我們都有同樣的印象，即使它們沒能使我們不顧其他一切情況，為喬治·格勞代克的發現，在科學結構中找到一席之地，我們仍覺得沒有必要猶豫不決。現在，我提議從回憶知覺系統、前意識的自我出發，跟上喬治·格勞代克的步

伐，將「本我」的名字賦予心靈的另一部分，從回憶這個實體加以考慮，回憶會向其他部分擴展，而擴展後其他部分的行為，就像是潛意識的「本我」。

我們繼續研究，看看這個概念是否能使我們有所收穫。我們現在將一個人看作是一個未知的、潛意識的心理本我，本我的外表就是從他的中心——知覺系統發展而來的自我。如果我們努力加以形象化，可以補充說：自我並不包括整個本我，但只有這樣做才能在一定程度上，使知覺系統形成（自我的）外表。自我並未與本我徹底分離，只是它較低的部分與本我合併了。

除此之外，被壓抑的事物也合併到本我裡了，且幾乎成了本我不可分割的一部分。被壓抑的事物，由於抵抗壓抑的作用而與自我徹底分開，但可以透過本我而與自我取得聯繫。透過對病理學的研究，我們會立即認識到：我們所勾勒出來的一切的界限，幾乎都只與心理結構的表面水平有關——這是我們所知道的唯一水平。雖必須說明，所選定的形式對任何特殊應用而言，並沒有任何誇張之處，而只是想為說明的目的服務，但我們所描述的一切都可以用圖表來展現：

或許我們可以補充說，自我戴著一頂「聽覺的帽子」，正如我們知道腦解剖中，它只在一邊存在，也可以說是歪戴著的。

很明顯地，自我是本我的一部分，即透過前意識知覺——意識的媒介已被外部世界的直接影響而改變的那一部分；從某種意義來說，自我是表面分化的一種擴展。自我還有一種，欲把外界的影響施加給本我的傾向，並努力用現實原則代替本我中不受限制、占主導地位的快樂原則。在自我中，知覺所起的作用就是本我中轉移給本能的作用。自我代表我們所謂的常識與理性，它與含有熱情的本我對立。所有這一切，都與我們熟悉的通常區別一致；但同時，這種區別只能在一種平均的或「理想的」情況下才適用。

這一事實中所表現出來的自我在功能上的重要性，即是把對能動性的正常控制轉移給自我。如此，我們可以用一個比喻很好地進行說明：在自我和本我的關係中，自我好似一個騎在馬背上的騎士，他需要有較大的力量才能控制住馬；不同的是，騎士是以自己的力量控制，而自我則使用借力。對此

我們還可以做進一步的說明：如果騎士不想與馬分開，騎士常常被馬帶到牠想去的地方；同樣如此，自我經常實現本我的願望，好像願望是自我的一樣。

如此看來，形成自我、並使自我從本我中分化出來，除了前意識知覺系統的影響，還有另一種因素也有發揮作用。一個人的身體本身，首先是外表，外部知覺與內部知覺都能由此產生。這一點可以像任何其他客體一樣被看到，但它把兩種感覺讓給了觸覺，其中一個相當於一種內部知覺。痛苦似乎在這個過程中也起作用，我們在病痛期間獲得關於自己器官的新知識，或許就是獲得自己身體觀念的一種典型方法。

自我首先是一個身體的自我，它不僅是一個表面的實體，本身還是一種表面的投射（自我基本上是身體的感覺中衍生的，主要是從身體表面產生的那些感覺獲得的，因此，可以把它看做身體表面的一種心理投射）。如果我們想為它找到一種解剖學上的類比，就可以很容易地把它等同於，解剖學家所謂的「大腦皮層上的小人」：它在大腦皮層上是倒置的，它腳朝天，臉朝後，左側是它的言語區。

我們已多次探究過自我和意識的關係，但對此還有一些重要的事實有待描述。由於我們已經習於不論走到哪裡，都抱持著社會和道德的價值標準，所以當我們知曉潛意識中有低級情慾的活動時，並不會感到驚訝；此外，任何心理功能在價值觀上的標準越高，就越容易發現它通往意識的道路。但關於此精神分析的經驗卻令我們失望，因為我們有證據表明，像進行強烈反思這種精細複雜的智力操作，也能在前意識中進行，而無需進入意識。這種例子是無可辯駁的，比如：當某人睡醒後發現，他解開了一個幾天前還苦苦思索的困難數學問題，或其他問題的解答方法。

但還有另一個現象，一個更奇怪的現象。在分析中我們發現：有些人身上自我批評和良心的官能——這是一種特別高級的心理活動——是潛意識的，並且產生重要的影響。因此，精神分析中潛意識抵抗的例子，絕不會是單一特例。但這個新發現，卻不論我們有多好的批判才能，都強迫我們談論一種「潛意識罪疚感」。它比其他發現更使我們困惑，而且產生了新的問題，特別是當我們逐漸發現：在許多精神官能症中，這種潛意識的罪疚感起著決

定性的作用，並成了治癒道路上了最強大的阻礙。如果我們重返價值觀標準，不得不承認在自我中，不僅最低級的東西，就是最高級的東西也可能是潛意識。就像是提供了我們一個有意識的自我證明：即自我，首先是一個身體的自我。

▍自我和超我

按語：

「超我」是充滿清規戒律和類似於良心的人格層面，是道德化的「自我」，是內在的道德檢察官，它包括良心和自我理想，為「自我」確立了好與壞的範本，一個社會的理想和傳統價值觀透過「超我」傳遞給後代。

如果自我只是受知覺系統影響，使本我發生改變的一部分，那我們要處理的事態就簡單得多了，但事實卻是更為複雜。

我們假定，在自我中存在著一個等級，一個自我內部的分化階段，我們稱之為「自我理想」或「超我」。我們現在所要探究的問題是，「超我」與意識的聯繫，不如其他部分與意識的聯繫密切，這需要做出解釋。

要做出合理的解釋，我們必須將研究的範圍稍微擴大。我們透過假設（在那些患憂鬱症的人中），失去的對象又在自我之內恢復原位，換言之，對象專注被一種認同作用所取代，如此，我便可以成功地對憂鬱症的痛苦障礙做出解釋。但我們尚未意識到該過程的全部意義，也不知道它的平凡和典型的程度如何。由此我們便意識到：這種替代作用，在確定自我具有的形式方面起著重要作用，在形成所謂的「性格」方面也有巨大的貢獻。

最初，在人的原始口腔期（譯註：參閱《性學三論》第二篇「幼兒性慾」之內容。），無疑很難區別對象專注和認同作用。我們只能假設：對象專注是後來從本我中產生的，本我中的性傾向是作為需要而被感覺到。起初還不太強壯的自我，後來意識到了對象專注，且要麼默認它們，要麼試圖壓抑以防備它們。

當一個人不得不放棄性對象時，他的自我常常會發生一種變化，這種變化只能被描述為，對象在自我之內回復原位，就像憂鬱症中發生的那樣。這種替代作用的確切性質，目前為止還不為我們所知。透過這種心力的內在投射，一種退化到口腔期的機制，可能使自我更容易放棄一個對象，使該過程更容易發生，這種認同作用甚至可能是本我能放棄其對象的唯一條件。不管

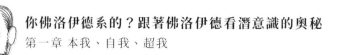
如何，這個過程，特別是在發展的早期階段經常發生，說明了一個結論——自我的性格，就是放棄對象專注後的一種沉澱，包含著那些對象選擇的歷史。當然，從一開始就必須承認：會有各種程度的抵抗力。正如在某種程度上表明的，任何特殊人物的性格中，一定程度上都接受或抵抗他性對象選擇的歷史。在有多次戀愛經歷的女人中，似乎不難在其性格特質中，發現其對象專注的痕跡。我們也必須考慮，對象專注和認同作用同時發生的情況——也就是說在對象被放棄之前，還會發生性格上的變化。在這種情況下，性格的變化將能從對象關係中倖存下來，並在某種意義上保存。

從另一種觀點來看，或許可以說，性對象的選擇也是使自我變化的一種方法，自我能以這種方法獲得對本我的控制，並加深和它的聯繫——的確，在很大程度上是以默認本我的經驗為代價的。當自我假定對象的特徵時，可以說，它把自己作為一個戀愛對象強加給本我，並試圖用這種說法補償本我的損失，就像在說：「瞧，我多麼像那個對象，你可以像愛他一樣愛我。」

如此，對象欲力轉移成了自戀欲力，顯然是對性目的的放棄，即一種失性慾化的過程——所以，它是一種昇華作用。這個問題出現了，應該被認真地考慮，即這是否並非昇華作用總會走的道路，是否一切昇華作用都不是由於自我的媒介作用而發生的，自我透過把性對象的欲力轉變為自戀欲力，或許會繼續給自我提供另一個目的。以後我們將不得不考慮其他本能變化，是否也有可能不是這種轉變造成的。例如：是否這種轉變，不會造成已經融合的各種本能再次分解。

雖然這有點離題，但我們暫時必須將注意力，擴展到注意自我的對象——認同作用。如果這些認同作用占上風，並變得為數過多、過分強大，且互不相容，那要取得病理學的成果就為期不遠了。由於不同的認同作用被抵抗隔斷，可能會引起自我分裂，即所謂多重人格，各種認同作用輪流占有意識。即使不致如此，四分五裂的自我的認同間仍存在著衝突，而這些衝突不能完全描述成病理學。

童年最早期第一次認同作用的影響，將是普遍和持久的。這就使我們回到到自我理想的起源，因為在自我理想的背後，隱藏著每個人第一個、也最

為重要的認同作用——以父親自居。這在每個人的史前期就已經發生。顯而易見，這並不是最初對象專注的結果，這是一種直接、即刻的認同作用，比任何對象專注都早。但這種最早的性慾期，且與父母有關的對象選擇，似乎會在被討論的那種認同作用中發現其結果，並將因此而強化前一種認同作用。

但由於問題太過複雜，有必要進行更細緻地探究。複雜的成因有兩種：第一是伊底帕斯情結（譯註：參閱包含這一主題的論文〈解除伊底帕斯情結〉）的三角特徵；第二是一個人身體上的雌雄同體。

男孩的情況可以簡要地作如下敘述：當男孩還很小的時候，他就發展出了一種對母親的對象專注，最初和母親的乳房有關，是其在最早的對象選擇上依賴的原型；男孩用以父親認同（自居）的方式來對待自己父親。這兩種關係一度同時存在，直至對母親的性願望變得更加強烈，而視父親為障礙，就引起了伊底帕斯情結。於是他的父親認同開始帶上了敵對色彩，並希望驅逐父親以取代他對母親的位置。此後男孩與父親的關係就有了矛盾，這種心理在認同作用中一開始就已經表現出來。男孩對母親純粹深情的對象關係與對父親的矛盾態度，構成了他身上簡單積極的伊底帕斯情結。

隨著伊底帕斯情結的退化，男孩必須放棄對母親的對象專注，而轉而被下列兩種情形之一取代：要麼加強母親認同，要麼加強父親認同。我們習慣上認為後一種結果是正常的，它允許將男孩對母親的深情關係在一定限度內保留下來；若如此，一旦解除伊底帕斯情結，便會加強男孩性格中的男性氣質。

如果是女孩，那她身上的伊底帕斯情結，會以完全類似的方式展開，很有可能是加強對母親的認同作用——這種結果將會固定下女孩的女性氣質。（譯註：伊底帕斯情結的結果是男孩與女孩的「確切類比」，此觀點在此後不久便被作者放棄了。見〈兩性解剖差異所帶來的心理結果〉）

由於這些認同作用，並不包括將放棄對象吸收到自我中，因此並不是我們所期望的。但這種二選一的結果也可能出現，而女孩比男孩更容易被觀察到。分析表明：當女孩不再將父親看作戀愛對象後，便開始突顯自己的男子

氣質，產生父親認同，即以失去對象的認同來代替母親認同。這將明顯地依賴於女孩性情中的男子氣質是否足夠強烈，不管這股氣是由什麼構成的。

由此看來，兩種性別中男性特質和女性特質的相對強度，決定著伊底帕斯情結的結果，會形成父親認同還是母親認同。這是變質後的伊底帕斯情結，被雌雄同體取代的方式之一。另一種方式甚至更為重要，因為人們的印象是，簡單的伊底帕斯情結根本不是它最普遍的形式，而代表著一種簡化或圖式化。確實，這對實際的目的來說十分恰當。更深入的研究通常能更全面的揭示伊底帕斯情結，這種情結是雙重的——即消極和積極，且歸因於童年期最初表現出來的那種雌雄同體。換言之，一個男孩不僅對父親有矛盾態度、對母親有對象選擇的深情，而且他同時也像女孩一樣，有對父親表示深情的女性態度，也有對母親表示嫉妒、敵意。正是這種雌雄同體帶來的複雜因素，使人們難以獲得清楚的事實觀念，這些事實又與最早的對象選擇和認同作用相關，更難簡潔地描述，甚至可能把對父親表現出的矛盾，完全歸咎於雌雄同體。

但如我剛才所說，它不是從競爭和認同作用中發展起來的。

一般來說，特別是涉及精神官能症患者時，假設存在著完全的伊底帕斯情結，一般地說是可取的。精神分析的經驗表明：許多情況下，伊底帕斯情結有總有一方要消失，除了那些依稀可辨的痕跡外。如此，就能形成一個分類：即一端是正常的、積極的伊底帕斯情結；另一端則是倒置的、消極的伊底帕斯情結。而最後將展示兩個特質中佔優勢的類型。隨著伊底帕斯的分解，對父母的四種傾向將組織起來，以產生一種父親認同和母親認同。父親認同將保留原來對母親的積極情結，同時將取代從前對父親的倒錯（變態）情結；母親認同除了在細節上必要的修正外，將以同樣的方式進行。所有個體身上兩種認同作用的相對強度，最終必會反映出其中一種特質的優勢。

因此，受伊底帕斯情結支配的性慾期，最終普遍的結果，可以被看作是自我中的一種沉澱，由兩種認同所構成。自我的這種變化保留著它的特殊地位，即以一種自我理想或超我的形式，與自我的其他成分對立。

但是，超我不僅僅是本我早期對象選擇後的沉澱，也代表著駁斥對象選擇的作用力。超我和自我的關係並不僅僅局限於「你應該如此如此（像你的

父親那樣）」的規則，它也包括「你絕不能如此如此（就像你父親那樣）」的禁律，換言之「你不能做他所做的一切，有許多事情是他的特權。」這種自我理想的兩面性從這個事實中獲得，即自我理想的任務是壓抑伊底帕斯情結。自我理想的存在歸功於壓抑伊底帕斯情結，但這並非易事。孩子的父母，特別是父親，被看作是實現伊底帕斯願望的障礙，如此，這個幼小的自我便獲得強化，以在自身內建立同樣的障礙協助壓抑。超我從父親那裡借來壓抑的力量，是一個非常重大的行動。超我保持著父親的性格，當伊底帕斯情結越強烈，並迅速地屈從於壓抑時（在紀律、宗教教義、學校教育的影響下），超我對自我的支配，會越來越嚴厲──即以良心，或以一種潛意識罪疚感的形式。

倘若我們回過頭考慮一下，會發現兩個非常重要的因素造就了超我，一個是生物因素，另一個是歷史因素，即童年期的無能和依賴性在一個人身上長期存在，包含伊底帕斯情結的事實，和前文已表明的那種壓抑，都導致了欲力潛伏期的中斷。根據一個精神分析學的假設，提到了人類身上有某些殘留遺跡。於是我們發現：超我從自我中分化出來無非是機遇問題。超我代表著個人、種族發展中那些重要的特點。由於超我反映著父母永恆的影響，因此它將根源歸之於生物與歷史這兩個永恆存在的因素。

人們一再指責精神分析，批評它不顧人類本性中較高級、道德、超個人的方面。這種指責在方法論和歷史上是不公正的。首先，我們一開始就有把壓抑功能歸之於自我中道德和美學的傾向；其次，許多人都認為精神分析無法建立一種全面、完善的理論結構，就如一種哲學體系那樣。精神分析唯有透過對正常和不正常現象的分析，沿著錯綜複雜的心理道路上找到它的出路。我們的任務是研究心理上被壓抑的部分，不需要對高級心理生命的存在感到不安。但既然已著手分析自我，就能對那些認為「人體中必然存在更高級特質」的人做出回應：「在這個自我理想，或者說『超我』中，的確有那種更高級的特質，它代表著我們與父母的關係，而當我們還小時，就已經知道這些特質了；雖然兒時對這些特質既羨慕又害怕，但我們如今已將這些特質納入自身。」

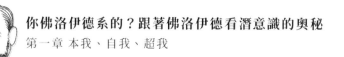
自我理想是伊底帕斯情結的繼承者，也是本我強烈的衝動與欲力變化的表現。透過建立這個自我理想，自我掌握了伊底帕斯情結，同時處於本我的支配下。鑒於自我主要是外部世界、現實的代表，超我則與其對照，是內部世界、本我的代表。自我與理想之間的衝突，最終反映外部世界和內部世界、現實事物和心理事物之間的對立。

理想形成後，自我接受了本我中生物發展和人類種族變遷的痕跡，每個人又透過自我重新體驗一遍。因為自我理想的形成方式，自我理想和每個人在種系發生上的天賦——他身上古老的傳承——有最豐富的聯繫。正是每個人心理生活中最深層的這個東西，才能透過理想，變成人類心靈中最高級的事物。

顯而易見，自我理想在所有方面，都符合我們所期望的人類更高級的性質。就一種代替做父親的渴望而言，自我理想包含著所有宗教的萌芽——宗教信仰者判定自我不符合理想，使他產生一種想證明渴望的謙卑感。伴隨著兒童的長大，教師或其他權威人士承擔了父親的角色，他們把指令權和禁律權交給了自我理想，並以道德良心的形式進行稽查。在良心的要求和自我的實際表現間的緊張，體驗到的是一種罪疚感。社會情感就建立在以別人自居、自我理想的基點上。

宗教、道德和社會感（科學和藝術暫且不談）——人類最高級事物，起源相同。根據我在《圖騰與禁忌》中提出的假設：宗教、道德與社會感的產生從種系發生學上來說，源於戀父情結，即透過掌握伊底帕斯情結，獲得宗教和道德的限制；而克服伊底帕斯情結後，在年輕成員間的競爭間需要獲得的社會情感。在發展這些道德的獲得物時，似乎男性居領先地位，而後透過交叉遺傳，傳遞給女性。甚至在今天，社會情感也是建立在兄弟姐妹競爭的衝動基礎上，最後在個體身上產生。由於敵意不能得到滿足，便轉而認同從前的競爭對手。研究同性戀的適當案例進一步證實了這種懷疑：即在這種情況下，認同作用也導致了繼敵意、攻擊性態度之後的深情對象選擇。（譯註：參閱《群體心理學與自我的分析》和《妒忌、偏執狂和同性戀的某些精神官能症機制》。）

　　然而，隨著種系發生學的提出，新的問題產生了：究竟是原始人的自我還是本我，促使他們在早期就從戀父情結中獲得了宗教和道德？如果是他的自我，我們為什麼不略述一下這些被自我遺傳的東西呢？如果是他的本我，它又是如何與本我的性格相一致？或者說，我們不應該將自我、本我、超我之間的分類帶回到原始人時期？又或者說，難道我們不應該老老實實承認，關於自我過程的整個概念對理解種系發生學毫無助益，也不能應用？

　　讓我們先回答最易於回答的問題。自我和本我的分化必須不僅要歸因於原始人，甚至要歸因於更簡單的有機體，這是外界不可避免的影響。根據我們的假設：超我實際上起源於圖騰崇拜的經驗。而究竟是否是自我在體驗後而獲得，這一問題便不再有什麼意義了。因為思考立刻表明：除了自我之外，本我不無法體驗到任何外部變化，自我是外部世界通往本我的代表。

　　所以，根據自我來討論直接遺傳是不可能的。正是在這裡，實際個體和種系概念之間的鴻溝才更加明顯。此外，我們切記不要把自我和本我的差異看得過為嚴重，但也不能忘記，自我實際上是特殊分後化的本我。

　　自我的經驗最初似乎並不會遺傳；但當這些經驗重複到一定程度，並在隨後許多代人身上累積了足夠強度後，可以說：自我的經驗已轉移到本我的經驗中，即透過遺傳保留下來經驗的痕跡。故在本我中儲藏著無數自我轉存的痕跡；而當自我在本我內部形成超我時，或許只是在恢復已經逝去的自我形象，並保證逝去自我的復活。

　　超我產生的方式，解釋了自我和本我早期對象專注的衝突是如何得以繼續進行、並與超我繼續發生衝突。如果自我無法完全掌握伊底帕斯情結，那從本我對伊底帕斯情結的專注，將在自我理想的反向作用中找到發洩口。理想和潛意識本能傾向之間可能會發生大量的衝突，說明理想本身很有可能是潛意識，故無法達到自我。在心靈最深層曾經激烈進行的鬥爭，並未因迅速的昇華作用和認同作用而結束，轉而到更高的領域繼續，就像科爾巴赫油畫中的「漢斯之戰」一樣，在天上解決爭端。（譯註：這場戰役就是人們通常所知的查龍斯之戰，在公元四五一年的這場戰役中，阿提拉被羅馬人和維希高斯打敗。威廉·馮·科爾巴赫將其作為他的一幅壁畫的主題，最初是為柏林

的諾伊斯博物館繪製。追溯至公元五世紀的新柏拉圖學派達馬休斯的一個傳說，在這場戰役中，戰死的勇士們被描繪為在戰場上空的天上繼續戰鬥。）

兩類本能

按語：

　　本節作者旨在說明人的本能歸屬。本能開始是一種中性能量，因為轉換的角度不同，它便有兩種不同性質的能量傾注方向，即「愛慾」（性本能）和「死亡本能」。「愛慾」與「死亡本能」是人類體內相互對立、依存的矛盾體，是人類共有的本能。愛慾要求統一，指揮創造和生產，並要求有機體自我防禦，讓人們去愛、去發展，是人類前進的力量來源；相反，死亡本能要求割裂事物，它發散出破壞力量，目的是毀滅生命。愛慾與死亡本能在精神中必須保持穩定的比例，愛慾雖遵循著快樂原則，但卻時常會轉變為死亡本能。這是由於，現實環境和超我不允許無限制地滿足愛慾，愛慾就積蓄了過多能量，此時就需要轉變為相反的能量形式，以平衡精神結構，即轉變為死亡本能。從某種意義上說：靠近愛慾，亦是走近死亡。兩者的終極目標其實是相同的。

　　如前文所述，若我們把心靈分為三個部分，即自我、本我和超我，而這種區分代表我們認識的某種進步的話，那麼就能更徹底的瞭解心理內部的動態關係。我們已經得出一個結論：自我很容易受知覺的影響。廣義地說，知覺對自我的意義就像本能對本我的意義一樣；而自我也很容易受本能的影響，因為自我是本我特殊變化後的一部分。

　　在《超越快樂原則》一書中，我提出了一種本能的觀點；而依據這一觀點，我們不得不區分出兩類本能，下面進行簡要地闡述：

　　其一，就是愛慾，或性本能。它不僅包括不受禁律制約的性本能本身，以及被制約的，或具有昇華性質的本能衝動，還涵蓋自我保護本能。必須把這種本能分配給自我，而且在我們的分析工作之初，即有充足的理由使之與性對象本能的對立。

　　其二，出於生物學理論的考慮，我們假定存在著一個死亡本能，使有機的生命回到無機物狀態就是它的任務。最後我們把施虐狂作為第二類本能的代表。

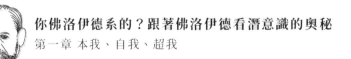
現在，我們再假定愛慾的目的，是把分散著的生命微粒廣泛地結合起來，使生命複雜化，因此它的目的就是保存生命。既然愛慾和死亡本能均致力於重建一種，因為生命的出現而受到干擾的狀態，就此而言，這兩類本能從最嚴格的意義上來說都是保守的。生命出現的目的就會被看作是為了繼續生命，同時也為了死亡，生命本身既是衝突也是和解。生命起源的問題，乃是一個宇宙論的問題，對生命的目的就會作出二元論的回答。

基於以上觀點，一種特殊的生理過程（合成或分解）將與兩類本能之一發生聯繫，這兩類本能在生命體的每個細胞中。如此，某一實體就可以成為愛慾的主要代表。

這種假設並未清楚顯示出兩類本能互相融合的方式，但這種有規律、非常廣泛的現象卻是一個不可或缺的假設。將單細胞有機體進化成多細胞生命，就能成功地抵消單一細胞的死亡本能。破壞性衝動則會借助特殊組織轉移到外部世界，即肌肉組織；而指向外部世界和其他有機體，破壞性的死亡本能，也會因此而表達自身的意思。

我們一旦承認兩類本能融合的概念，也就是加強了「解離」它們的可能性。性本能的施虐狂部分，是本能融合後，服務於一個有用目的的典型事例：施虐狂促使它自身獨立的這種反常行為則是典型的解離，雖不是絕對完全的解離。從此點上，我們獲得了一個新觀點，是先前在這一方面從未考慮過的：出於發洩的目的，破壞性本能事實上是被愛慾驅遣。我們猜想，癲癇症就是本能解離的症狀。我們開始意識到，本能解離和死亡本能的明顯出現，是許多嚴重的精神官能症（例如強迫症），最值得注意的表現。為了迅速地作出概括，我們可以假定：欲力退化後的本質（例如，從性器期退化到施虐狂的肛門期），就在於本能的解離；如果情形相反，就會像從早期階段向性器階段的進展時，受到增加性成分的制約一樣。這又提出了一個問題：即在精神官能症的結構傾向中，總是異常強烈的通常矛盾心理，是否不應被看作是解離的產物；然而，矛盾心理是非常基本的現象，以至於更能代表一種尚未完成的本能融合狀態。

　　顯而易見，如今應該要詢問的是：在我們假定存在著的人格結構，本我、自我和超我，與兩類本能之間，是否不可能有什麼指標性的聯繫；再者，支配心理過程的快樂原則，又是否與人格結構、兩類本能有什麼固定的聯繫。但在討論問題之前，必須先消除一種懷疑，它和表述問題的術語有關；快樂原則當然是無庸置疑的，自我內部的分化在臨床上也有很好的理由。但兩類本能的區分似乎沒有充足的證據，而且發現，它很可能與臨床分析的事實相矛盾。

　　我們姑且不論兩類本能之間的對立，先考慮愛和恨的極端情況。要提出一個愛慾的例子是毫無困難的，慶幸的是，我們也能在破壞性本能中找到一個死亡本能的代表，即恨。臨床觀察表明：愛不僅總是以意想不到的規律伴隨著恨（矛盾心理），在人類的關係中，恨也常常是愛的開端，且在很多情況下，恨會變成愛，愛也會變成恨。如果這種變化不只是時間上的先後關係，而是其中一方真正變成另一方，說明兩者並無基本差別。而這就顯然不像區分愛慾和死亡本能一樣，但這種劃分能預測確實存在著對立的生理過程。

　　對同一人的先愛後恨，或先恨後愛，是因為對方迫使他不得不那樣做；另外一種情況，尚不明顯的愛，最初的表現是敵意或攻擊性傾向。可能是在對象專注中，破壞性成分超過了性愛，而性愛之後才加入。我們所知道的幾個精神官能症的例子，能更好的假設當中的確發生了變化。

　　在被害妄想症中，病人為防止自己對某人產生過分強烈的同性戀，而採取一種特別的方式。結果，那個他曾最愛的人卻變成了他的迫害對象，病人常常會攻擊他。這裡，我們有權插入一個先前的階段，在這個階段將愛變成了恨。但分析研究最近才使我們認識到：在同性戀根源，與失去性慾化社會情感根源的案例中，存在著會引起攻擊慾望的強烈敵對情感。而只有在克服這些情感後，從前憎恨的對象才變成了愛慕的對象，並引起某種自居作用。這就產生了一個問題：即在這些事例中，我們是否假定恨可以直接轉變成愛。顯然，這裡是純內部的變化，對象行為的變化對病患不起作用。

　　然而，透過分析妄想症變化的過程，我們開始意識到可能還存在著另一種機制：一開始就會表現出矛盾的態度，並且這種轉變是依靠專注的一種應用轉移來起作用的，能量以此從性衝動中退縮，並補充到敵對的衝動中。

　　當克服了一種敵對態度，並產生同性戀時，發生了一件類似的事情：敵對態度永遠沒有辦法被滿足，因此被一種愛的態度取代，對此就有了發洩的可能性。故我們發現：不論在何種情況下，我們對將恨直接轉變為愛的假設都不滿意，這與兩類本能的區別毫不相容。但我們注意到，透過引入另一個把愛變成恨的機制，即做了另一個應該得到明確闡述的假設。

　　我們認為，在心理中──不管在自我還是本我中──好像存在著一個可轉換的能量，這能量本身是中性的，它能被加在一個不同性質的性衝動或破壞性衝動上，以增加專注；如果不假設這種能量，就無法取得進展。唯一的問題是它來自何方，屬於什麼，代表什麼意思。

　　本能衝動的性質問題，與其在經歷了各種變化後繼續存在的問題，仍然十分模糊，尚未解決，在性的成分本能中，這是特別易於為觀察所理解的，可以把同一範疇的這些過程的工作看作是我們正在討論的東西。例如我們發現：在成分本能間存在著某種程度的交流；從某一特定的性慾來源中獲得的本能，可以把轉移它的強度，用來強化發自另一根源的另一本能；一種本能的滿足可以取代另一種本能的滿足，以及更多具有同樣性質的事實──所有的這一切，必將鼓勵我們提出某些假設。

　　退一步而言，到目前為止，我除了提出一種假設，也拿不出什麼證據。下面這個觀點似乎是有道理的，即這個在自我及本我中都同樣活躍、中立、可移轉的能量，毫無疑問都是從自戀慾力的倉庫出發的──這是個失去性能力的愛慾（總的來說，性本能看來比破壞性本能更具可塑性，更容易轉移）。由此我們能很容易地繼續假設：這個可移轉的慾力受快樂原則支配，而為避免能量累積，它會促進能量釋放。在這種關係中很容易觀察到某種冷淡，一旦釋放了能量，對釋放的途徑就會非常冷淡。它是本我中精力專注過程的特點，在性慾專注中會發現，對對象會表現出一種特別冷淡，它在以分析所產生的移情中表現得特別明顯，不管分析者可能是誰，它都必然要表現出來。

　　最近，蘭克發表了一些關於方法很好的實例，用這種方法能說服報復性的精神官能症活動，指向的人是錯誤的。這種潛意識行為使人們想起三個鄉村裁縫的喜劇故事：一個鐵匠犯了死罪，但因為他是村中唯一的鐵匠，導致一個裁縫必須代替他被處以絞刑。（譯註：這個故事是作者在其《詼諧與潛意識關係》的最後一章講述。）即使處罰的並不是犯罪者本人，處罰也必須執行。正是在夢的研究裡，我們第一次在轉移作用中，遇到了這種由初始過程引起的放縱。在這種情況下，釋放的途徑被下降到次要地位。過分講究對象的選擇和能量釋放的途徑，這似乎成了自我的特點。

　　如果這個可轉移的能量是失去性能力的欲力，也可以將它描述為被昇華的能量；就它幫助建立了那種結合的傾向而言，自我的特殊性質仍然保持著愛慾的主要目的——結合。如果在更廣泛的意義上，將思維過程包含在這些轉移作用中，那麼從被昇華了的性動機力量中，思維過程也能得到補充。

　　這裡我們確定了已經討論過的可能性，即自我調解能有規律地產生昇華作用。讓我們回憶另一種情況：自我對付本我的第一次對象專注（當然也包括對付以後的專注），是從本我中接收欲力、納入自身，最後在認同作用下的自我矯正中實現。把性慾欲力轉變為自我欲力，必然得放棄原本的性目的，也就是失性慾化的過程。這在任何情況下，都表明了自我在愛慾關係中的一個重要功能，自我從對象專注中獲得欲力，而把自身作為唯一的戀愛對象、與使本我的欲力失去性能力或使欲力昇華，自我的工作和愛慾的目的相反，它使自我服務於相反的本能衝動，只能默認本我的對象專注。

　　這似乎為自戀理論做了重要的補充。一開始，所有的欲力都是在本我中累積起來，而這時自我還尚未健全。本我釋放出一部分的欲力，成為性慾的對象專注力，而後日益強大的自我就試圖獲得這個欲力，並把自身作為戀愛對象強加給自我。自我的自戀因此接著產生，源於從戀愛對象身上撤回而獲得欲力。

　　在追溯本能衝動時我們一再發現：本能衝動是作為愛慾的衍生物來表現自己。要不是出於對《超越快樂原則》一書中的考慮，和最終依附於愛慾的施虐狂成分的緣故，我們就難以堅持基本的二元觀念，但既然我們無法擺脫

那種觀點，便被迫作出結論：死亡本能本質上是緘默的，而大部分都是愛慾發出生命的吶喊（事實上按照我們的觀點，正是透過愛慾這個機制，指向外部世界的破壞性本能才從自身轉向）。

在反對愛慾的鬥爭中也會發出生命的吶喊。毋庸置疑，快樂原則在與欲力——即把這種障礙引入生命過程的一種力量——的鬥爭中是替本我服務的指南。如果生命真的受費希納的恆定性原則支配，就會不斷地滑向死亡；然而愛慾的要求、性本能的要求以本能需要的形式，阻止了下降的速度，並引入新的緊張感。這就是說，受快樂原則所支配的本我，以各種方式來阻止緊張。要做到這一點，首先要盡可能地、努力滿足直接的性傾向。這與一個把成人的所有要求都納入的特殊滿足形式有關，也就是說，透過釋放性慾的物質，這些物質可以說是緊張飽和的管理者。在性活動中，釋放性慾物質在某種程度上，和軀體及種質的分離相一致。這說明了，死亡和某些低等動物的交配活動同步的事實：這些生物在生產活動後死亡，因為當愛慾被釋放後，死亡本能就能實現目的。最後如我們所知，自我透過昇華某些欲力，在它控制緊張的工作中幫助了本我。

▎本能與欲力

按語：

在「兩類本能」一節中，佛洛伊德提出「欲力」這一概念，而且在之後的著作中這一名詞也一再地出現。「欲力」的概念，界定為一種量化力量，可測量性興奮的過程與變化。佛洛伊德將心理表徵稱為「自我欲力」，它的產生、增強或減少、分配與轉移，有助於我們理解作者所描述的性心理現象。

我們已經知道，自我是本我特殊變化後的部分，故同樣容易受到本能的影響。於是，我們提出了兩類本能：愛慾（性）本能與死亡本能。在分析中，我們提出了一個讓人感到陌生的概念——欲力。而這一概念是如此的重要，以至於在後面的論述中也會不斷提到，故在此有必要對其加以澄清。

欲力是取自情緒理論的一種表述。我們用它稱呼與「愛」有關的本能能量——以量的大小來考慮這一能量（雖然目前實際上是不可測量的）。「愛」一詞的核心，自然就是以性結合為目的的「性愛」（這就是通常所稱的「愛」，或詩人們所歌頌的愛）。但我們並不分割「愛」中共有的東西，例如「自愛」，以及對父母和兒童的愛、友愛和對全人類的愛，還有對具體對象和抽象觀念的奉獻。我們的根據在於：精神分析研究表明，這些傾向都是同樣本能衝動的表現。在兩性關係中，這些衝動迫切地趨向結合；但在其他場合中，它們就會偏離這一目標，或避免實現。但因為它們依舊保持著本性，所以仍舊可供辨識（如在渴望親近和自我犧牲那樣的特性中）。

我們的看法是：在創造「愛」一詞的多種用法時，已經有完全合理的部分統一，最多也不過是把它當作科學討論和解釋的基礎。當精神分析做出這一判斷時，引起了一場軒然大波，像是一個荒謬絕倫的罪過。然而，精神分析在這種「寬泛」的意義上看待愛並非創見。在起源、作用和性愛關係方面，哲學家柏拉圖「愛的本能」恰好與「愛力」，即精神分析的欲力相吻合。正如普菲斯特爾和納赫曼佐思詳細表明的那樣：當使徒保羅在他著名的《哥林多書》中讚美愛的至高無止時，他肯定是在同樣「寬泛」的意義上理解它（譯註：「雖然我用人和天使的語言說話，但我沒有愛，我變成像只會發出響聲

的銅管，或者是一個叮鈴響的鈸鈸。」））。但這只表明，人們並沒有一直嚴肅對待他們的偉大思想家，即便人們仍極力聲稱尊崇他的偉大思想。

於是，精神分析把這些「愛的本能」稱作「性本能」，並根據它們的起源稱作「占有」。大多數「有教養」的人把這一術語當作一種侮辱，並用「乏性論」的責難作為報復，來攻擊精神分析。把性當作是對人性的抑制和恥辱的任何人，將隨意地使用更高雅的詞，例如「愛的本能」或「愛慾的」。我當然一開始也能這樣做，如此便能使自己免於許多敵意。但我不願這樣做，因為我不願意向怯懦屈服。人們說不清這種屈服會將自己引向何方，但在用詞上屈服後，便會一點一點地向實質屈服。我看不出羞於談性的好處，它最終仍是德語句「愛」的翻版。誰能堅持等待到最後，他自然不必再讓步。

▍自我的依賴關係

按語：

　　本文是作者對「本我」、「自我」和「超我」關係更詳細地描述，可以說是對前文的高度總結。「本我」透過「自我」滿足慾望，「超我」透過「自我」抑制慾望。在整個精神體系中，自我依靠它和知覺系統的關係，以時序來安排心理過程，使它們服從於「現實檢驗」。換言之，「自我」協調著「超我」和「本我」，依照現實原則，採取適當的行為措施；「超我」和「本我」則威脅著「自我」，而引起「自我」強烈的焦慮和罪惡感。

　　我們論題的複雜性造成一個現象：即本書沒有一個標題與內容完全一致。甚至在轉向該題目的新方面時，還要經常回到已研究過的問題上。

　　如同前文所說，自我在很大程度上是從認同作用中形成的，認同作用取代了被本我放棄的專注。第一次的認同作用總是作為自我中的一個特殊職能活動，最終以超我的形式和自我分離；而當它強壯起來，自我就能更堅決抵抗這種認同作用的影響。超我把自己在自我中的特殊地位，歸於必須從兩方面考慮的因素：一方面，超我是第一次的認同作用，是當自我還很脆弱時就發生的認同作用；另一方面，它是伊底帕斯情結的繼承者，因而把一些最重要的對象引入到了自我中。超我和變化後自我的關係，大抵上就是童年期最初的性慾期，和青春期後性生活之間的關係。雖然超我很容易受後來的影響，但仍然保留著戀父情結衍生的特點——即和自我分離，並統治自我的能力。它是對從前自我的虛弱和依賴性的一種紀念，成熟的自我仍然受它的支配。就像兒童曾被迫服從父母那樣，自我也服從超我發出的絕對命令。

　　然而，超我衍生於本我的第一次對象專注，衍生於伊底帕斯情結，這種衍生對它來說還有更大的意義。正如我們已經描述的，這種衍生把超我和本我在種系發生學上獲得的東西聯繫起來，並使超我成為一個史前自我結構的再生物。這個自我結構已把它們的沉澱物留在了本我中。因此，超我總是和本我有著密切的聯繫，深入到本我內。也由於這個理由，超我比自我更遠離意識。

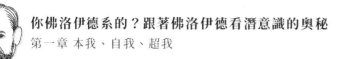

　　若將我們的注意力轉向某些臨床事實，就能更好地理解這些關係，雖然這些事實早已失去新意，但仍有待探討。

　　在分析工作中，有些病患的作風相當獨特。當我們滿懷希望地對病患講話、或對治療的進展表示滿意時，他們會露出不滿的神情，而且情況甚至變得更糟。人們一開始把這種情況當作挑戰，並試圖證明他們比醫生更優越，但後來則人們開始採取一種更深刻、更公正的觀點。人們開始認識到，這種人不僅不能承受任何表揚或稱讚，而且還對治療的進展做出相反的反應。每一種能在另一些人身上得到改善的局部治療方法，卻在他們身上暫時引起了病情的惡化；這些病人在治療期間病情加劇，而不是好轉，他們往往表現出所謂「消極的治療反應」。

　　毫無疑問，這些人身上有某種堅決與康復作對的信念，他害怕接近康復，好像康復是一種危險似的。我們習慣上說，在這些人身上，生病的需要大於康復的需求。假如我們以普通的方式分析這種抵抗──那麼，即使我們容許病人抵抗醫生，容許病人想從疾病中獲得好處的心態，大部分抵抗依然存在。這表明病人本身，就是康復中最強大的障礙，甚至諸如自戀的難接近性（一種對醫生的消極態度，或對生病好處的依戀），也不如這種障礙強大。

　　最後我們認識到：我們正在對付一種所謂「道德的」因素，這是一種罪疚感，必須在疾病中獲得滿足，並拒絕放棄受病痛的懲罰。我們把這個相當令人失望的解釋作為結論是正確的，但就病人而言，這種罪疚感是無聲的，並不是說他有罪，他也不覺得有罪，只覺得自己生病了。這種罪疚感的表現為抵抗康復。要使病人相信，這種動機是他無法康復的原因，也是特別困難的，因為他會堅持那種更明顯的解釋，即用分析法的治療對他來說是毫無裨益的。

　　我們的描述適用於這種事態最極端的例子，但這個因素在非常多的病例中，或許在較嚴重的精神官能症的病例中，都只有很微小的考量。事實上自我理想的態度，決定著神經疾病的嚴重性。因此我們將毫不猶豫地全面地探討，罪疚感在不同條件下的表現模式。

對正常的、有意識的罪疚感（良心）進行解釋並沒有什麼困難。罪疚感以自我和自我理想之間的緊張為基礎，並且由它的批判功能進行自我譴責。可以推測，精神官能症中眾所熟知的自卑感，可能與這種有意識的罪疚感密切相關。在兩種人們非常熟悉的疾病中，罪疚感被過分強烈的意識到，自我理想表現得特別嚴屬，常常極其殘暴地對自我大發雷霆。自我理想在這兩種疾病（強迫症和憂鬱症）中的態度，表現出類似性的罪疚感。

在某些形式的強迫症中，罪疚感竭力表現自己，但又無法向自我證明正確。所以，這種病人的自我反對轉嫁罪責，並在否定它的同時尋求醫生的支持。默認病人是愚蠢的，因為這樣毫無用處。分析最終表明，超我正受著自我不知道的影響。要想發現真正位於罪疚感根基、被壓抑的衝動是可能的。因此在這種情況下，超我比自我更瞭解潛意識的本我。

在憂鬱症中，超我獲得了對意識的控制，這種印象甚至更加強烈。但在這種病例中，自我不敢貿然反抗；它承認有罪，並甘願受罰。我們理解這種差異。在強迫症中的問題在於，應受斥責的衝動從未形成自我的一部分；而在憂鬱症中，超我表達憤怒的對象，則透過認同作用而成為自我的一部分。

當然，我們還不清楚，為什麼罪疚感能在這兩種精神官能症中到如此強烈；但是這種事態所表現的問題，主要在另一方面，在我們處理其他病例後再來討論它——而在這些其他病例中，罪疚感始終是潛意識的。

在歇斯底里，或某種歇斯底里狀態下，基本的條件就是罪疚感。不難發現，罪疚感是用來保持潛意識的機制。歇斯底里的保護自己免受痛苦知覺，超我的批判正在威脅它，而保護自己逃離無法忍受對象專注的方式，就是採取一種壓抑行為。因此，自我應該對保留在潛意識的罪疚感負責。一般來說，自我是在超我的支配下進行壓抑；但在這種病例中，病人把同樣的武器轉而對準他嚴屬的監工了。在強迫症裡，如我們所知，反向作用占主導地位；但歇斯底里中的自我，卻滿足於與罪疚感的內容保持距離。

我們可以進一步大膽假設：正常情況下，大部分的罪疚感必定是潛意識，因為良心的根源和屬於潛意識的伊底帕斯情結緊密相連。如果有人想提出這種矛盾的假設：即正常的人不僅遠比他所相信的更不道德，而且也遠比他所

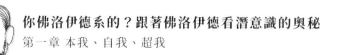

知道的更道德。那麼，該論斷的前半句是以精神分析為依據，但精神分析也不反對人們對後半句提出異議。

這種潛意識罪疚感的加劇會使人成為罪犯，這是個令人驚訝的發現，但無疑卻是個事實。在許多罪犯中，特別是年輕的罪犯中，會發現他們在犯罪前存在一種非常強烈的罪疚感。因此，罪疚感不是它的結果，而是它的動機，好像把這種潛意識罪疚感施加到某種真實的事物上，就成了一種寬慰。

在這些情境中，超我與意識的自我無關，卻與潛意識的本我卻有密切關係。關於超我的重要性，我們把它歸之於自我中的前意識字詞記憶痕跡，於是問題就產生了：假如超我是潛意識，它是否還能存在於這種字詞表象中；或假如不是潛意識，它究竟存在於何處？

我們暫且回答：超我和自我一樣，都不可否認它起源於聽覺印象，因為它是自我的一部分，且在很大程度上透過這些字詞表象（概念、抽象作用）和意識相通。但這種專注的能量並未到達超我起源於知覺（教學、讀書等）的內容，而是觸及了超我起源於本我的內容。

我們放在後面回答的問題，就是超我是如何作為一種主要罪疚感（或者更確切地說，作為一種批評——因為罪疚感是在自我中對這種批評做出回答的知覺）來表達自己，又是如何發展成對自我特別粗暴嚴厲？如果我們先轉向憂鬱症，就會發現：對意識支配權特別強烈的超我，對自我大發雷霆，好像要竭盡全力對自我施虐。按照對施虐狂的觀點，我們應該說：破壞性成分置身於超我之中，並轉而反對自我。現在於超我中取得支配地位的事物，可以說是對死亡本能的純粹的培養。事實上，假如自我不及時地轉變成躁狂症，以免受超我統治的話，死亡本能常常成功地驅使自我走向毀滅。

以某種強迫症形式進行的良心的譴責，同樣令人痛苦煩惱。但我們不太清楚這裡的情況，值得注意的是：強迫症和憂鬱症相反，它絕不採取自我毀滅的步驟；強迫症好似能避免自殺的危險，而且比歇斯底里能更好地使自己免於危險。我們能夠發現這個事實：保證自我安全，就是保留對象。在強迫症中，透過退化到性器期，就能使愛的衝動轉變成攻擊的衝動。破壞性本能再次得到釋放，目的在於毀滅對象，或至少看起來具有這個意圖。自我尚未

採納這個意圖，自我用反向作用奮力反對這種意圖，而這些意圖就保留在本我中。但超我卻好像是說，自我應該為此負責，並且在懲罰這些破壞性意圖時，用它的嚴肅性表明，它們不但是由退化引起的偽裝，而且實際上用恨代替了愛。由於兩方面都孤立無援，自我無法防禦本我兇殘的煽動、無法不責備實施懲罰的良心。但自我至少成功地控制了兩方面最殘忍的行動，就是對自我沒完沒了的折磨，以及對對象系統的折磨。

自我用各種方法來對付有機體內危險的死亡本能的活動，其中一部分因為與性成分的融合，而被描繪成無害的；另一部分則以攻擊的形式，掉頭朝向外部世界，且在很大程度上仍暢行無阻地繼續它的內部工作。

那麼在憂鬱症中，超我是如何成為死亡本能的一個集結點？

從本能控制觀和道德觀來看，或許可以說本我完全是非道德的，自我則力爭成為道德的，而超我則可能是超道德的，因此才能變得像本我那樣冷酷無情。值得注意的是，一個人越是控制對別人的攻擊傾向，他在自我理想中就越殘暴——也就是越有攻擊性；但日常的觀點則正好相反：自我理想建立的標準，似乎成為壓制攻擊性的動機。但我們前面說過這樣一個事實，即一個人越控制自己的攻擊性，它自我理想的攻擊傾向就越強烈。這就像是一種移轉作用，一種向其自我的轉向，即便是正常的道德品行也有嚴厲限制、殘酷禁止的性質。而會無情實施懲罰的更高級存在，正是從這裡產生的。

若不引入一個新的假設，我就無法繼續考慮這些問題。如我們所知，超我的產生，源於將父親作為榜樣的認同作用。每一類認同作用本質上都是失性慾化、甚至是昇華。如今看來，當這種轉變發生時，好像同時會出現一種本能的解離。昇華之後，性成分再也無法將從前的破壞成分結合起來，這些成分以傾向攻擊性和破壞性的形式被釋放。這種解離就是被理想——獨裁的「你必須……」——所展示普遍嚴厲性和殘酷性的根源。

讓我們再來看一看強迫症，情況又變得不同了。愛變成攻擊性雖不是受到自我的影響，卻是在本我中產生的結果。但這個過程已超出本我，已擴展到了超我，超我就更加強了對自我的殘暴統治。但這種情況和憂鬱症一樣，

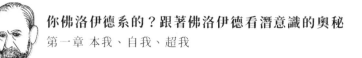

自我透過認同作用控制了欲力，但如此便受到了超我的懲罰，以從前與欲力混合的攻擊性懲罰自我。

關於自我的觀點已趨向清晰，當中的各種關係也日漸明朗。我們現在已看到了自我的力量和弱點，而這非常重要。自我依靠與知覺系統的關係，以時序安排心理過程，使心理過程能經過現實的檢驗。透過插入這種思維過程，自我就能保證延遲釋放動力，並控制運動的通路。當然，這後一種力量與其說是事實問題，不如說是形式問題。就行動論，自我的地位就像君主立憲，沒有他的批准，法律便無法通過；但他在對國會的議案行使否決權前，早已猶豫不決。外在的生活經驗豐富了自我，但本我對自我來說，卻是另一個外部世界。自我力圖統治本我，故撤回本我中的欲力，並把本我的對象專注轉變成自我結構。

在超我的幫助下，是以我們還不清楚的方式，它利用了儲藏在本我中的過去時代的經驗。

本我深入自我的道路有兩條：一條是直接的，另一條仰賴於自我理想的引導。對某些心理活動來說，採納哪一條路影響甚大。自我從服從本能發展，到抑制本能，自我理想在其中有很大一份功勞，其中有一部分是對那種本能過程的反向作用，精神分析是推進自我統治本我的一個工具。

從另一種觀點來看，自我就像同時受到三個主人的使喚，即同時受到三種不同威脅的可憐人：這三種危險分別來自外界、來自本我的欲力、來自超我的嚴厲性。焦慮是一種想退出危險的訊號，就產生了與三種危險對應的三種焦慮。就像住在兩地邊界的人一樣，自我試圖作為世界和本我之間的橋梁，想要使本我遵照世界的願望，並透過肌肉活動，使世界順從本我的願望。實際上，自我就精神分析的醫生一樣：它注重現實世界的力量，將自己作為一個欲力對象提供給本我，目的在於使本我的欲力依附自己。它不僅是本我的助手，也是順從的奴隸，只要有可能，自我就試圖和本我友好相處；自我用前意識掩蓋本我的潛意識要求，甚至自我實際上冷漠無情，它也會假裝對本我表示順從，文飾本我和現實的衝突；如若可能，自我也會偽裝本我與超我

的衝突。自我夾在本我與現實間，經常變成獻媚的角色；就像一個政客，雖然看見了真理，但又想保持受大眾擁戴的地位。

自我對兩類本能的態度並不公正。自我透過認同作用和昇華作用，協助本我掌控死亡本能；但如此也會使自我成為死亡本能的對象，有了被滅亡的危險。為了協助本我，自我只好將欲力充斥自身，成為了愛慾的代表，並從那時起就渴望活下去和被愛。

但由於自我的昇華作用，導致本能的解離、超我解放攻擊性本能，自我對欲力的鬥爭面臨著受虐待和死亡的危險。在超我的攻擊下，自我就像被自己創造的分裂物所毀滅一樣，從經濟的觀點來看，超我的道德品行就像是一種分裂物。

在自我所處的這種從屬關係中，最有趣的就是它與超我的關係。

自我是焦慮的住所。由於受到三方面的威脅，自我透過危險知覺，或從本我同樣危險的過程中，收回自己的精力專注，並將它作為焦慮釋放出來，發展逃避的反射動作；後來由於引入了保護性專注（恐懼症的機制），才取代了這個原始反應。我們無法清楚說明自我害怕的對象，是來自外界，還是來自欲力的危險；我們只知道，這種害怕具有推翻、消滅的能力，精神分析卻無法把握，自我只是服從對快樂原則的警告。但我們能說明，自我害怕超我的真正原因：自我害怕的是良心。身為更優越存在的自我理想，曾用閹割來威脅自我，這種對閹割的恐懼可能就是自我聚焦的核心。也正是這種對閹割的恐懼，最後才變成對良心的恐懼保留下來。

「每一種恐懼最終都是對死亡的恐懼。」這個言過其實的警句幾乎毫無意義，而且無論如何都無法證明合理性。在我看來，把害怕死亡、害怕外界對象（現實性焦慮）、對精神官能症的欲力焦慮區分開來，才是正確的。精神分析在此發現了一個難題：死亡是一個具有消極內容的抽象概念，對此我們沒有發現任何與潛意識有關的東西。看來害怕死亡的原因只能是：自我完全放棄對自戀欲力的專注，也就是放棄自己；就像在其它焦慮情況下，自我放棄某個外部對象那樣。而我相信對死亡的恐懼，是發生在自我和超我之間。

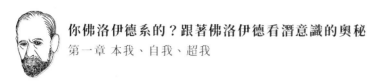

　　我們知道，只有兩種情況才會恐懼死亡（這兩種情況和其他焦慮發展的情境完全相似）。即有一種對外部危險的反應，並產生一種內部過程，例如憂鬱症。

　　憂鬱症對死亡的恐懼只承認一種解釋：自我之所以放棄，是因為受到超我的迫害。對自我來說，活著就意味著被愛——被超我所愛。這裡，超我又一次作為本我的代表出現。超我擁有保護和拯救的功能，這是早期時代父親的職責。當自我發現處在極端的危險中，且它認為無法單獨克服這種危險，卻發現自己被保護力量拋棄時，就只有死路一條。另外，這種情境又與出生時經歷的第一次巨大焦慮，以及嬰兒期那種渴望的焦慮——與保護自己的母親分離引起的焦慮——是同樣的情境。

　　這些考慮使我們把對死亡的恐懼，看作像對良心的恐懼一樣，視為對閹割恐懼的延伸。不難想像罪疚感在精神官能症中的重大意義，嚴重精神官能症的焦慮，甚至會被自我與超我間的焦慮（對閹割、良心和死亡的恐懼）強化。

　　我們最終再回到本我上來，本我沒有辦法向自我表示愛或恨，也不能提出它的需求，它沒有統一的意志。愛慾和死亡本能在本我內部鬥爭，而我們已經發現，本能是以什麼樣的武器抵禦另一本能。本我被緘默但強大的死亡本能支配，死亡本能渴望處於平靜狀態，而且（受快樂原則的慫恿）讓愛慾也處於平靜狀態，但如此就會低估愛慾的作用。

▌自我與群體心理

按語：

　　前面所涉及的「本我」、「自我」和「超我」，無疑屬於個體心理學的範疇。佛洛伊德指出：「在某些例外的條件下，個體心理學才能忽視個體與他人的關係。」在個體的心理生活中，不可避免會涉及作為一種模範、一種對象、一個幫助者、一個敵對者的某個他，在此個體心理學完全擴展為群體心理學。本節的主旨便是要詳細探討群體心理。

　　討論到此，我們基本上已完成了本章的使命，雖由於問題的複雜性使討論趨於煩瑣，慶幸的是我們尚未離題太遠，並相信已將主題盡可能地表達清楚。

　　我們在原有的「意識、前意識、潛意識」基礎上，建立了「本我、自我、超我」的心理結構。「本我」是生理上的、本能的、無意識的東西，缺乏邏輯性，只是追求滿足，無視社會價值；「自我」是理性的、通達事理，與激情的本我相對，是可以控制的；「超我」負有監督自我的使命，有道德良心、負罪感，具有自我觀察、為自我規劃理想的功能。我們如果繼續陳述下去，無疑是對前面內容的重複。所以，在此我們要擴大我們討論的範圍，由「個體心理」轉而討論「群體心理」。

　　不是從定義出發，而是從要加以討論的對象開始，從中選擇一些特點顯著、我們的探究能依附的事實，似乎會更為有用。而我們可以引用勒龐的名作《烏合之眾：大眾心理研究》來達到目的。

　　我們需要說得更清楚些：如果一門心理學，致力於探討個人的先天傾向、本能衝動、動機和目的，他的行動以及他最親密的關係，它再澄清以上所有的問題後，會突然接觸一個驚人的事實：在某些條件下，它所要理解的個體，以完全不同於先前預料的方式感覺、思考和行動。這種條件就是：個體介入了一個集合體，而這個集合體的人都擁有「心理群體」的特徵。

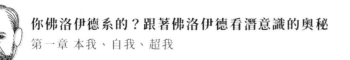
　　「群體」是什麼？「群體」如何對個體心理生活產生決定性的影響？它強加在個體心理變化上的性質又是什麼？

　　回答這三個問題，是群體心理學的任務。顯然最好是從第三個問題開始探討，因為個體的變化為群體心理學提供材料，先描述被解釋的事物，才能再嘗試去解釋其他方面。

　　勒龐說：

　　「心理群體表現出最驚人的特性是：無論是誰組成心理群體，不管他們的生活方式、職業、性格、智力相似與否，他們被轉變成一個群體的事實，使他們擁有了一種集體心理。這種集體心理，使他們以完全不同於獨處時的方式感覺、思考和行動。除了個人形成一個群體的情況外，個體心理不會產生某些觀念和感情，或者不會轉變成行動。心理群體是由異質因素形成的暫時性存在——它們被暫時結合在一起，就像細胞重新組合成一種生命體，而這種新的存在物展示出非常不同於單細胞的各種特徵。」

　　需要說明的是，我們將隨時打斷勒龐的敘述，以便插入評註，並在相應地要點上插入觀察材料。

　　如上所述，如果個體被結合成一個整體，其中必有某種將他們聯結的力量，這個紐帶可能正構成了群體特徵。對此勒龐並未作出回答，而繼續探討個體在群體中發生的變化：

　　「要證明群體中的個體與孤立個體的不同，易如反掌；但卻很難發現造成差別的原因。」

　　「無論如何，要想粗略認識這些原因，首先必須掌握近代心理學的真理：潛意識現象不僅在有機體中，在發揮智慧的時候也有著主要支配的作用。意識生活並不如潛意識生活重要，即使是最老練的分析者、最敏銳的觀察者，也只能發現行動背後的極少意識動機。心靈中遺傳的潛意識基因造就了我們的意識行動，這種基因由代代相傳的無數特徵組成——構成了一個種族天賦。在行動原因的背後，無疑存在著我們不承認的祕密原因；而在這些祕密原因

背後，存在著更多被忽視的祕密。我們大部分的日常行動，其實是在逃避已察覺的那些秘密動機。」

勒龐認為，個體的特定習性在群體中被湮沒了，個體的個性也消失了；而種族的潛意識顯現，異質的事物被淹沒在同質的事物中。我們應該說，心理的表層結構——在個體中的發展完全不相似——被消除，而每個人身上相似的潛意識基礎則顯露出來。

在這層意義上，群體中的個體開始顯示出一種共有性格。但勒龐相信，個體會顯示出先前沒有的新特徵，而他在三種不同的因素中尋找新特徵產生的理由：

「第一種因素是，群體中一部分的個體——僅僅從數量上考慮——開始屈從於他的各種本能。若個體在單獨的情況下，他就會約束這些本能；但在群體中，個體將不會那麼嚴格的要求自己，他會想：『群體是無名的，我可以不用負責任。』如此，個體的責任感就完全消失了。」

在我們看來，不需要把過分關注新特徵的出現。僅須指出：在群體中，個體被允許不再壓抑他的潛意識本能。故個體展示的新特徵，實際上是潛意識的顯現——人類心中的一切罪惡傾向。在群體環境中，不難理解良心或責任感的消失。我們一直以來的論點：良心的本質是「社會性焦慮」。（勒龐與我們的觀點存在差別：勒龐的潛意識包含了種族心靈隱藏最深的特徵——但事實上這屬於精神分析之外。我們也的確認識到，自我核心包含人類心靈的「遠古遺產」，是潛意識的；但除此之外，我們還區分了「被壓抑的潛意識」——它源於遠古遺產的一部分。而勒龐並沒有這種被壓抑的概念。）

「第二個原因是感染，它決群體中的個體顯現出特殊性格，也決定個體的傾向。感染是容易確立個體存在的一種現象，但不易解釋；但感染必定屬於一種催眠，不久後我將會對它展開研究。群體中的所有情感與行動都具感染性，這種感染非常強烈，使個體會為了集體利益犧牲個人利益。這是一種與個體本性非常矛盾的態度，除非個體是群體的一員，否則個體幾乎不會這樣做。」

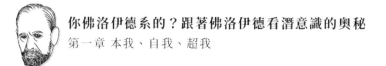

而後面我們將依據第三個觀點，做出一個重要的猜想：

「第三個原因尤為重要，它決定了群體中個體的特殊性格，且此性格時常與單獨個體顯現出的性格完全相反——暗示性。而上述第二個原因感染，僅僅是暗示性的一個結果。」

「為了理解暗示性，必須呼應近期生理學的某些發現。我們知道，一個人可以透過各種過程被引入這樣一種狀態：他完全失去意識個性，服從於操縱者的所有暗示，且他的行動、性格、習慣完全矛盾。最詳實的研究似乎證明：個體沉浸於群體活動中一段時間，不久後就會發現自己處於一種特殊狀態——不是被該群體的磁性影響，就是某些我們不知道的原因。這種特殊狀態酷似被催眠師操縱的「著迷」狀態……意識的個性、意志、分辨力都消失了。所有的情感和思想都受制於催眠師的催眠術。」

「作為心理群體一部分的個體也大致如此：個體不再有意識的行動，正如在被催眠一樣；但在某些能力被催眠的同時，其他能力卻可能得到高度發展。在暗示下，個體以無法遏制的衝動完成某些行動，且這種衝動比被催眠更不可自拔。從群體中所有個體都受到暗示的這一事實中，這種衝動因互相影響而更加強烈。」

「於是我們看到：意識個性消失，潛意識個性占主導地位。經過感染和暗示的情感和觀念開始產生變化，傾向將暗示得到的觀念直接轉換成行動。而這些就是作為群體中個體的主要特徵：他不再是他自己，成為一個不受自己意志主宰的裝置。」

我們之所以如此詳盡地援引這些段落，是為了表明：勒龐把群體中個體狀態解釋為催眠狀態，而不僅僅是比較兩種狀態。我們無意對此提出任何反駁，只希望強調一個事實：群體中改變個體的第二個原因（感染）和第三個原因（高度的暗示性），顯然不同。感染似乎是暗示性的具體表現，但勒龐並沒有明顯的區分這兩種因素。如果我們將感染歸之於群體中個體的相互作用，而將群體中的暗示性——勒龐所說類似催眠的現象——指向另一來源，或許就能更好地解釋他的觀點。

但該指向什麼來源？當我們注意到群體中暗示性與催眠的主要差別——群體中作為催眠師的人沒有被提及，不禁感受到這個涵義的缺憾。但勒龐還是區分了這種模糊不清的「著迷」，與個體彼此施加暗示後擴大的感染。

勒龐還有一個重要的考量，有助於我們理解群體中的個體：

「而且，根據個體已成為組織化群體一部分的事實，他在文明的階梯上下降了幾級。當他獨處時，可能是一個有教養的人；但在群體中，他卻是一個野蠻人——即按本能行事的動物。他擁有原始人的任性、殘暴、兇狠、豪爽與仗義。」勒龐還特別詳述當一個人湮沒在群體中時，會體驗到智慧的降低。（試比席勒的兩行詩：「獨處的人還算機靈敏銳，而在群體中他簡直是個傻瓜。」）

現在讓我們離開個體，轉向勒龐已概括的群體心理。勒龐指出，群體心理與原始人和兒童生活的相似性，顯示它不是單一特徵，故精神分析會在追溯群體心理的來源時遇到困難。

一個群體是衝動、易變且不安的，且幾乎被潛意識控制（勒龐在此描述的意義上正確使用了「潛意識」，而不單意味著「被壓抑的」。）

一個群體服從的那些衝動，依情況分類，可能是慷慨的、殘忍的、勇猛的或懦弱的，但它們總是如此專橫，以致於不存在個人利益——甚至自我保存利益。就群體而言，沒有什麼預先謀劃的事物，雖然群體可能熱切欲求某些事物，但絕不會持久，因為它無法百折不撓。對於滿足慾望，群體不能忍受任何延遲。群體具有一種全能感，而對於當中的個體而言，這一觀念不可能消失。（試比較我的《圖騰與禁忌》中第三篇論文。）

群體特別容易輕信別人，且易受影響，因為它沒有批判的能力，對它而言，不合適的事是不存在的。群體以意象的形式思考，即憑聯想喚起彼此，正如個體在自由聯想（例如夢）的狀態一樣，從來不用理性檢驗這些思維是否與現實一致。一個群體的感情總是非常單一且極為浮誇，以至於它不懂得懷疑與不確定性。

　　群體走向一個極端：一旦表現出某種懷疑，這個懷疑會即刻變成無可爭辯的確定；一絲反感即會轉變為強烈的憎恨。這種情緒的極端性和無限制的強化，也是兒童情感生活的一個特徵。

　　正如群體傾向於極端一樣，它也要透過強烈的刺激才能興奮起來。若一個人希望對群體產生影響，他的論證中不需要邏輯，需要的是危言聳聽、誇大其辭，且必須一再重複。

　　由於群體從不懷疑真理的錯誤與否，且意識到自己的強大力量，一方面服從權威，一方面又毫不寬容。群體尊重力量，只是稍稍受到仁慈的影響——它把這純粹當作一種軟弱的形式。群體為自己的英武要求武力，甚至是強暴。群體想要被權威支配與壓抑，並懼怕它的主人。從根本上說，群體完全是保守的，它無限尊重傳統，而對一切革新與進步深惡痛絕。

　　人們必須考慮這樣的事實，才能對群體的道德做出正確的判斷，即：當個體集合在一個群體中時，他們所有的個體抑制消失，從原始時代潛伏在個體中的所有殘忍、獸性和毀滅性的本能開始躁動。但在暗示之下，群體也能在塑造克制、無私和對奉獻理想方面取得較高成就。儘管就個人而言，自己的利益幾乎是唯一的驅動力；但就群體而言，個人的利益幾乎微不足道。說個體具有群體所確立的道德標準，是完全可能的。而個體的理智總是遠高於群體的理智，集體的道德行為可以大幅低於或高於個體的道德行為。

　　勒龐描述的某些特徵極為清晰地表明：群體心理與原始人心理的相似非常有根據。在群體中，多數矛盾的觀念能比肩並存、彼此寬容，不存在任何邏輯矛盾的衝突。但正如精神分析早已指出的：在個體、兒童和精神官能症患者的潛意識心理生活中，情況也是如此。

　　再者，語句的魔力對群體影響非常大。語句在群體心理中能喚起最對可怕的騷動，也能使平息騷動：

　　「理由和論證贏不了某些語句和公式。這些語句和公式在群體面前被莊重地吟誦，而一旦被吟詠出來，每個人臉上便會顯露出崇敬的表情，所有人都頂禮膜拜。它們被許多人當作是自然或超自然的力量。」

　　在這方面，僅僅只要記得原始人的名稱禁忌，以及他們給名稱和語句所賦予的魔力就行了。

　　最後，群體並不渴求真理，它們需要的是幻覺，沒有幻覺便不能行事。群體總是認定不真實的事物優於真實的事物，它幾乎被「像真實事物的不真實的事物」強烈地影響——群體具有不區分兩者的明顯傾向。

　　我們已指出：群體生活中，幻想生活和未被滿足願望的幻覺占支配地位，也是精神官能症心理學中的決定性因素。我們發現：能引導精神官能症患者的事物，不是通常的客觀實在，而是心理的實在。歇斯底里症以幻想為基礎，而非重複真實經驗；強迫症中的罪疚感，以從未執行的罪疚意向為基礎。正如在夢和精神官能症中一樣，在一個群體的心理活動中，檢驗事物的真實性，遠比不上其專注在願望上的衝動力量。

　　勒龐對群體中領袖的問題只有概述，導致我們無法清楚分辨其中的原則。他認為：生物一旦以一定的數量聚集，無論是動物或人類，都會本能地臣服於一個首領的權威下。一個群體是一個順從的動物群，沒有首領就無法生存；群體如此地渴求忠誠，以至於會本能地服從任何自稱首領的人。

　　雖然群體的需要迎合了領袖的產生，然而在領袖的個人素質方面，也必須適應這一需要。為了喚起群體的信仰，領袖必須有強烈的信仰；他必須擁有強烈並施加於人的意志，而群體——沒有自己的意志——能接納領袖的意志。然後，勒龐討論了不同類型的領袖，以及他們作用於群體的手段。勒龐大抵相信：領袖是藉著自己瘋狂信仰的觀念，使自己得以存在。

　　而且勒龐賦予了領袖與他的信仰，某種神祕、不可抗拒的力量——他稱之為「威信」。威信是一種支配性的力量，以某一個體、一種作品或一種觀念影響著我們。威信直接麻痺我們的批判能力，使我們充滿驚愕和崇敬，似乎像催眠中的「入迷」那樣。勒龐進一步區分為人為性威信、人格威信。有些人仰賴名譽、財富和聲望贏得前一種威信（某些意見、藝術品等靠傳統）。由於這種威信在所有情況下都會被追溯，因而在理解「入迷」的影響方面，並沒有太大的幫助；而少數人能憑藉人格威信成為領袖，它似乎是透過某種

有吸引力的魔術使所有人都服從。然而，所有威信都依賴於成功；一旦失敗，從前建立的所有威信都會灰飛煙滅。

勒龐給我們的印象是：他尚未成功地將領袖的作用、威信的重要性、對群體心理圖景的卓越描繪完美結合。

我們必須補充說明：事實上，勒龐並沒有提出任何新論點。他對群體心理的各種表現，一切不利和貶低的事物，在他之前早已被其他人獨道且充滿敵意地提出，也已被早期的思想家、政治家和著作家們用同樣的調論調重複過了。而涵蓋勒龐最重要觀點的兩個主題——在群體中集體抑制的理智與情感的增強，甚至不久前已被西蓋勒系統闡述過。勒龐僅剩特有的論點，說到底就是潛意識、與原始人心理生活做比較這兩個概念；甚至這些在他之前也常常被人提到。

不過仍要指出的是：勒龐與其他人對群體心理的描述和估價絕非毫無爭議。無疑，剛才述及的群體心理現象是正確觀察的結果，但也有可能區分出群體構成的其他表現。在這些表現形式中，會作用於恰好相反的意義上，並必然對群體心理做出更高的評價。

勒龐本人也打算承認：在某些場合，群體的品格可以高於群體中個體的品格，產生只有集體擁有的高度無私和奉獻精神：

「就獨處的個人來說，個人利益幾乎是唯一的驅動力，而就群體而言，個人利益簡直是微不足道的。」

其他作者則列舉這樣的事實：只有社會才會為個體制定任何倫理準則，而個體通常是不能以某種方式達到社會要求的。他們還指出：在某些例外的情況下，在團體中可以產生熱情奔放的現象——即可能產生最輝煌的群體成就。

就智力活動而言，事實仍然是：獨立作業才可能創造思想上的偉大決策、有重大的發現和解決問題。但群體心理在智力領域也有創造性的才能，例如由語言本身，以及民歌、民間傳說等等。而且，思想家或作家受生活群體的

影響有多大，以及他的個人影響是否會比共同的智慧結晶還要大，仍然是懸而未決的問題。

面對這些完全矛盾的說明，群體心理學的研究似乎是徒勞無功。但也不難找到逃離這種困境的方法：在「群體」一詞下，有可能出現非常不同的結構，故需要將它們加以區分。西蓋勒、勒龐與其他人論及的是暫存的群體——各種各樣的人因某種利益而匆匆聚集起來。革命群體的特徵——特別是法國大革命的特徵——無疑影響了他們的描述；與此相反的觀點，則源於考察那些穩定的群體或社團——人們在其中度過一生，這些群體則體現為社會上各種機構。第一種群體與第二種群體的關係就像滔滔海浪與大風浪的關係。

麥獨孤在他的《群體心理》一書中，即是從剛才敘及的矛盾出發，並在組織的因素中尋求解決矛盾的方法。他說：在最簡單的情況下，這種「群體」全然不具有組織，或者不具有稱得上組織的東西。他把這一類群體描述為「人群」。但他也承認：無論如何，人群在不具有初步組織的情況下幾乎無法聚集在一起。也正是在這些簡單群體中，特別容易觀察到集體心理的某些基本事實。在一個偶合人群變成心理學意義上的群體之前，必須滿足的條件是：這些個體必須彼此間共有某些東西、對某一對象的共同興趣，或在某種情境中相似的情緒傾向，以及（我想要插話說，「結果是」）「這些範圍的交互影響」。這種心理同質性愈高，個體愈容易形成心理群體，群體心理的各種表現也就愈顯著。

一個群體構成後，最顯著也最重要的結果，是每一成員都產生「高漲或強烈的情緒」。依麥獨孤之見，群體中人們的情緒會激盪到前所有的程度，對於群體中的人們來說，放任自己無節制地受激情擺布，以至於被淹沒在該群體中，並失去他們個體性的侷限感，乃是一種愉快的體驗。麥獨孤稱之為「借助原始交感反應的情緒，直接誘發原則」——即借助我們已熟悉的情緒感染，來解釋所有人被衝動所左右的狀態。

事實是，知覺到同一種情感狀態訊號的人們，會自動累積而喚起同樣的情感。具有同樣情感的人愈多，這種強迫就愈強烈。個人失去了他的辨別能力，陷入同樣的情感。但在此過程中，個人增加了其他人的興奮——其他人

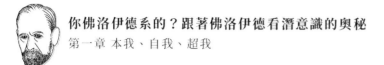
也導致了他的興奮，相互作用加劇了個人的情感負荷。因強迫性與他人行為一致，並與別人保持和諧，在這當中無疑有某種力量。情緒衝動愈是粗陋簡單，愈易於擴散至群體。

群體的某些影響，也有利於這種情感強化機制，一個群體給個體的印象，是無限的力量與不可抗拒的危險。群體暫時取代了整個人類社會，人類社會是權威的執行者，個人對它的懲罰感到恐懼，因此甘受群體諸多的抑制。對個人來說，與社會對立顯然很危險，不如追隨周圍人來的安全，甚至不惜「與狼共舞」。在服從新權威的過程中，個體可能會失去先前的「良心」、消除抑制心理，追其極樂。我們應該能看到：群體中的個人，會做一些他在正常生活條件中避免的行為，甚至受到讚許，這並不令人意外；我們甚至能以這種方式，希望能解開「暗示」這個現象下掩蓋的東西。

而麥獨孤並不質疑，群體的智力受到集體抑制的論題。他認為，智力較低者把高智力者拉低到他們的水平上。高智力者的行動往往受阻，因為情感的強化，往往會阻礙正常的智力工作；再者，因為個人受到群體的威嚇，精神活動是不自由的；最後是因為每個人的行為責任感下降。

麥獨孤對簡單、「非組織化」群體心理行為的論斷，與勒龐的一樣不友好：

「這樣的群體過於情緒化、衝動、暴戾、反覆無常、不一致、猶豫不決，並且容易走向極端，僅顯示出粗糙的情緒和不細膩的情感；極易受暗示、不深思熟慮、倉促判斷，只具有不完善的推理形式；容易被人操縱、缺乏自我意識、缺乏自尊和責任感，易於在意識到自己的力量後神魂顛倒，以致容易產生我們能夠預料到的不負責任、絕對的力量。因而這種群體的行為，就像頑童或未開化的野蠻人一般，而不像普通成員的行為；在最壞的情況下，它甚至就像野獸的行為，而非人類。」

既然麥獨孤將高度組織化的群體行為，與上述內容加以對比，我們不免對高度組織的群體的組成感興趣。作者列舉了提高集體心理生活水平的五個「基本條件」：

第一個，也是根本的條件是：要有某種程度的群體存在連續性。這可能既是內容上或形式上。如果同一群人在該群體中存在了一段時間，就是內容上；如果在群體內部存在著個人連續擔任的固定的職務體系，就是形式上。

第二個條件是：群體的個別成員應該對該群體的性質、機構、作用和能力有明確的認識，以便他由此發展、聯繫群體情感。

第三個條件是：該群體應該和與它類似，且在許多方面也不同的其他群體產生相互作用——也許以競爭的形式。

第四個條件是：該群體應該具有傳統、習俗和習慣，諸如決定成員彼此間的關係。

第五個條件是：該群體應該有確定的結構——體現在成員職位的專業化和分工。

根據麥獨孤的觀點，如果滿足了這些條件，群體的心理缺陷便能消除。透過撤回群體行使智力的任務，並為其個體成員保留這個任務，則能避免集體智力的降低。

在我們看來，似乎麥獨孤給群體的「組織」的定義，可以更合理地以其他方式來描述。問題在於，群體如何精準的取得那些本屬於個人的特徵——那些群體形成後，在個人身上消失的特徵。對於在原始群體之外的個人來說，他具有自己的連續性、自我意識、傳統和習俗，特定作用和位置，並與對手保持距離。由於他進入了一種「非組織化的」群體，便暫時失去了這種獨特性。可以這樣說：我們的目的，是用個人屬性去武裝群體。此時也就會想起特羅特的評述：「在生物學上構成群體的傾向，是所有高級有機體多細胞特性的延續。」

第二章 精神分析

　　精神分析的創始人佛洛伊德，早就觀察到：每一種精神官能症都有其潛在目的，其目的就是迫使病人脫離實際，與現實隔離。同時他將混雜的精神病理學說和概念，分解成個別組成。但並不是所有病理學家都認識到這個概念的複雜性——也就是說，精神病學的整體結構非常複雜。在佛洛伊德以前，法國醫生 P·雅諾把「喪失現實功能」看成是精神官能症病人發病的共同特點；因此在佛洛伊德的時代，就有一些陳述極混亂的研究報告，顯示出他們根本不懂生物學障礙與精神官能症基本條件之間的聯繫。在十九世紀末佛洛伊德出版的《歇斯底里症研究》一書中，「心理治療」那一章，被普遍公認為精神分析方法理論的正式開頭。佛洛伊德本人經常用「精神分析」這個概念，「精神分析」這個概念在他一八九六年三月發表的法語論文中首次出現；接著，一八九六年五月同一篇論文的德語版，也正式發表了「精神分析」這個概念。佛洛伊德的精神分析學，包含著三個不可分割的內容：心理治療，關於心理的一般理論，精神分析的方法。

精神分析的方法

按語：

按照佛洛伊德本人的定義，精神分析的方法，應該包括催眠術、掃煙囪法、精神集中法等精神病治療方法。所有這些方法，是他「精神分析學」重要的組成部分。

精神分析科學的特點為方法，而非研究對象。這些方法可研究文化史、宗教科學、神話學及精神醫學，而都不會喪失基本性質。精神分析的目的及成就，在於發掘心靈內的潛意識。

集中在精神分析實踐中的臨床經驗，我們發現，精神分析的方法，應該包括催眠術、掃煙囪法、精神集中法等等精神病治療方法。

我關於精神分析的最初觀點，大多來自我的老師兼合著者——維也納的醫生約瑟夫·布羅伊爾——一個關於歇斯底里症的臨床病例。自古以來，醫生對於歇斯底里症皆束手無策，最好的結果是保持其良性狀態，不使其發病。所以一旦診斷出病人患上「歇斯底里症」，醫生一般認為她們遭受到「歇斯底里」的痛苦。「歇斯底里」一詞源於古希臘詞彙「子宮」，並被認為是只有女人才會患上的疾病；甚至有段時間被認為是巫術的一種，以致中古時代許多女患者被送上了火刑架。如今在病理學界，對歇斯底里症的普遍看法是——如果病人的情況還未深入到腦組織損傷的程度，最好採取藥物治療——但即使如此，大多數藥物對於這種疾病往往無濟於事，醫生仍舊把歇斯底里看作是一種「偽裝」或「擬態」，甚至有人把它說成是一種特殊的「想像」或「假想」，看作是「婦女病」，把它診斷為「子宮的倒錯」，或陰蒂的病症所引起的，故在治療時一般會做切除陰蒂的野蠻手術，或讓病人嗅一種叫「纈草」的植物，以引起一種特殊的反應——子宮收縮。

一八八零年，一位二十一歲的女孩安娜·歐，找到布呂伊爾，請他治療自己困擾已久的歇斯底里症。她原本有出眾的才華，但在看護患病的父親以後，兩年中卻經歷了一系列身心紊亂，出現了肢體麻木及嚴重癱瘓，甚至視神經障礙；當需要進食時，頭部無法維持一定的協調，並伴隨著強烈的精神性咳

嗽、噁心，以致無法喝水——在一個炎熱的夏天，病人感到非常乾渴，卻毫無理由的，突然無法喝水了。當時我注意到的場景是：她手中拿著一杯水，可是一碰到嘴唇就推開水杯，就像得了恐水症一樣。顯然在這幾秒鐘內，她處於失神狀態，最終只能靠吃水果來減輕乾渴的煎熬。在最後一段時期中，她的語言能力也消退了，甚至無法說出母語，奇怪的是，卻能連續說出流利的英語。在一系列治療中，布呂伊爾醫生始終表現出良好的職業素養，表現出關心和同情，雖然不知道如何具體幫助這個病人，但經過多年臨床經驗，他顯然累積了一定的方法；同時，布呂伊爾醫生也注意到一些特殊的地方：病人處於「失神」或「心理變態」時，常自言自語地重複幾個詞，像是在她嚴密的精神體系中疏漏了什麼一樣。

布呂伊爾有了一個偉大的構想：他決定採用催眠術使病人進入睡眠狀態，並在她熟睡時不斷對她重複那些詞彙，並觀察由此給病患帶來的聯想。顯然，這種提示使病人意識中片段的內容重新出現、並連接在一起，促使她能簡單的宣洩；令人咋舌的是，她所表達關於幻境的內容具有驚人的美，甚至超越了一般唯美派詩人的作品。布呂伊爾立刻意識到：他所採取的實驗方法，恰恰是對付這個精神異常病例的良藥。對此，我在《歇斯底里症研究》中，總結了治療歇斯底里症的關鍵內容——在替精神病患施行催眠治療時，如果病人能夠回憶起最初出現的形式以及相關聯想，就能夠發洩他們的負面情緒，從而使病症消失。人類的正常精神狀態背後，在意識的深層中，存在一種原始的意識形成。任何症狀都不是單一、有傷害性情況的產物，而是由許多類似的情形累積形成的。所以，當一個病人在被催眠的虛幻狀態下，回想起某一情景，最終能自由表達其情感，發洩出原先被壓抑的心智行為時，症狀自然就消失，且不再復發。

布呂伊爾的具體做法是：對她進行深度催眠後，要求她說出到底是什麼想法壓迫著她的思維、折磨著她的精神。在她清醒時，與別的病人相同，不知道自己病症的具體原因，也無法說出病症與個人生活的關係；但當她被催眠後，就能很清楚自己的病灶是什麼。在這樣的情況下反覆治療後，病人終於談到了她在恍惚中厭惡水的原因：這源於她厭惡的英國保姆。在數年前，一次她走進廚房時，她看到保姆的狗正用餐桌上的杯子喝水，她保留了自己

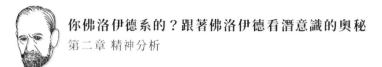

厭惡的情緒，把這段記憶埋藏在心裡。更深入地講，她的一切症狀，都與她照顧生病父親的經歷有關，而其中每個症狀都隱藏著不同的含義，這些都是情緒累積的表現。大部分都是她在父親病榻前，興起的一些必須被壓抑的念頭或衝動，最終轉移成症狀。布呂伊爾發現：在病人發洩了這段長久以來壓抑在心中的不愉快經歷後，她已能正常地喝水，症狀從此永遠消失。在治療反覆發作的憂鬱性意識錯亂之後，布呂伊爾接著又用同樣的方法，治癒了她肉體上的各種毛病。

正是這樣，我開始在自己的治療中採取老師的方法，我逐步開始實踐以精神分析治病的想法。然而在具體的治療過程中，卻依然有不盡如人意的地方，也正因為此，我陷入了長期的困惑；在經過許多的挫折與觀察研究之後，我終於明白關鍵：某一個病例上發現的成果，並不能當作普遍的真理，廣泛地應用到其他病人身上。但不可否認，布呂伊爾的治療發現，抓住了歇斯底里等一些精神病態的重要特性，具有極高的應用價值。那種讓患者口述幻覺和想法的方式，被稱為「談話治療」或「掃煙囪」。在與安娜談話的時候，她會忽然忘記自己的母語——德語，而只能講英語。這就說明，在催眠狀態下，患者失去了自控能力，原始意識狀態從多種壓抑的一般狀態中浮現。故在催眠狀態下，她長久的語言習慣反而被壓抑了，而被壓抑著的英語則上升為主要語言。

在接診大量的臨床治療（其中大多數病人是精神官能症者）後，我豐富了自己治療精神官能症的經驗，採用電療、浴療、推拿療法和催眠療法診治精神病，都發揮了一定的積極效用。而後，我更集中地使用催眠療法治療歇斯底里症，而在採用的一系列有效治療中，成效最突出的就是催眠術。可以說，正是催眠術療法，在歇斯底里症的治療上取得了決定性的勝利；也是基於這勝利，從而發現了「潛意識」，並成為我精神分析理論的基礎。

但在進一步的治療中，逐漸發現：採用催眠暗示病患存在著很大的弊端，並且催眠術的治癒率也非百分之百，對某些意志強硬的病人就很難催眠成功，同時也無法將病人都催眠到能袒露內心隱私的深度，一切努力仍沒有觸及歇斯底里症的核心；我還發現：醫生與病人的關係，對療效有著重大的影響。

精神治療取決於病人與醫生關係的發展，如果雙方關係和諧，則治療效果倍增；反之，則進展緩慢，甚至治療失敗。

為了提高自己催眠的技術，一八八九年夏天，我帶著一個女病人到法國的南錫，求教於當時經常採用催眠術的法國醫生班漢斯。這位女病人類似於布呂伊爾治療的恐水女孩安娜，是一位極有才華的歇斯底里症患者。我採用了催眠療法，但效果並不理想，催眠療法無法根治她的病，她的症狀也不時地復發。起初我自覺慚愧，認為是自己的知識有限，而不能催眠她達到夢遊、記憶消失的深度。所以才帶她到南錫，與班漢斯一起研究、討論，並讓班漢斯親自對她催眠。結果發現：催眠療法確實不能使她達到那種境界。於是，我不得不面對這樣的事實──並不是所有病例，都能用暗示法治癒。在後來的摸索中，我全面研究了一般精神系統疾病的特點，改進了布呂伊爾「掃煙囪法」，最後提出了「精神集中法」。這是從法國醫生班漢斯的觀點中得到的啟示，按他的看法：所謂催眠術，就是把被壓抑的、已被遺忘的經驗疏導出來。所以，我設想了一個將手壓在病者額頭的「精神集中法」，使病人回憶起被遺忘的事情，以便配合對歇斯底里症的治療。而在發現「精神集中法」的療效之後，我便逐漸放棄了催眠術。

以上所述，好似我個人經歷的概述，對此我不並否認，因為任何經驗的累積必伴隨時間的推移。在精神分析中，分析法是非常重要的一部分，從「催眠術」到加入暗示的「掃煙囪法」，再從「掃煙囪法」到「精神集中法」，乃至於在此基礎上，透過夢的分析最終引出的「自由聯想法」，這一切的宗旨只有一個──實用，有利於精神病的治療。而在不斷地研究與實踐中，也系統化了「精神分析療法」。

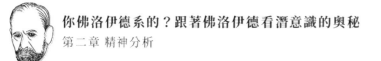
▊焦慮

按語：

「焦慮」是大多數神經質的人共有的表現，並成為他們最可怕的負擔和苦惱；「焦慮」可以變本加厲，而演變為杞人憂天。佛洛伊德在本節，將「焦慮」區分為：真實的焦慮——對外界危險的知覺反應；各種恐懼症的焦慮——與危險無關，常附著於固定的對象和情緒之上。佛洛伊德為我們詳述了這兩種焦慮，並指出恐懼症的焦慮與兒童的焦慮一樣，皆由於欲力的無法發洩，而不斷轉變為一種類似真實的焦慮——最終外界某種無足輕重的危險，便會被當作欲力希望得到的代表。

對於「焦慮」的問題，絕不能加以輕視，故我決定將神經質的焦慮問題提出，並加以詳細探討。

焦慮不安而恐懼，實在不必多加描寫，因為無論是誰都有體驗這個情緒的經驗。神經質的人為何更容易焦慮不安？我們也許認為「神經質」與「焦慮不安」兩個詞可以互相通用——其實不然。生活中有些人很容易焦慮不安，但卻不是神經質的人；而有很多症狀的精神官能症患者，反而沒有焦慮傾向。

無論如何，有一個事實是毋庸置疑的：即焦慮是各種重要問題的核心。我們只要能破解這個難題，便可以明白自己全部的心理生活。

生活中，一個人或許會花許多時間討論焦慮，卻從未想過神經質，也不會將焦慮稱為神經質。這種焦慮可稱為「真實的焦慮」，真實的焦慮或恐懼是一種自然合理的現象，我們可以稱之為「對外界危險或預料傷害的知覺反應」。這種焦慮和反射的逃避互為聯結，可以視為自我保護本能的一種表現。至於引起焦慮的對象和情境，則因當事人對外界的知識和壓力而異。例如：野蠻人害怕炮火、日蝕與月蝕；文明人因為懂得炮火，又瞭解宇宙現象，故對此不會感到恐懼。野蠻人在森林中看到足跡、蹄印就會恐懼；但對文明人來說，只代表附近有野獸。一個經驗豐富的航海家看見天空中烏雲密布，便知暴風雨將至，十分恐慌；但普通乘客卻不會恐懼，彷彿若無其事。

由上述可知：真實的焦慮乃是合理的，而且有利益導向。但細究起來，仍然需要改善此種焦慮。當危險將至，真正有益的行為應該是冷靜、量力而行，才能理智抉擇──是逃避，是防禦，還是主動出擊，實在不需要驚慌。我們應該明白：過分恐懼實際上最為有害，不但使人無法冷靜面對，甚至可能會無法逃避，最終使自己陷入瓶頸。

因此我們必認為：焦慮不安無益於生存。對於這個問題，只有更詳細地分析恐懼的情境後，才會有更深切的瞭解。

首先要注意的是，對危險的「預期心理」。有了這種預期心理，我們的知覺會比較敏銳，連筋肉也跟著緊繃。這種預期心理顯然有益於生存，否則，或許會產生嚴重的後果。在預期準備心理後，一方面是筋肉的活動，大多數是逃避，高明一點的則會抗拒；另一方面，便是所謂焦慮不安的恐懼感。如果這種恐懼感的時間愈短、或強度越弱，從預期心理轉化為準備行為，也就愈容易；而整個事件的發展，也愈有利於個體的安全。故在我看來：在所謂的焦慮或恐懼之中，預期焦慮似乎是有益的，而發展焦慮則為有害的。

至於焦慮、害怕、驚恐等名詞在慣用法上，是否具有相同的意義，在此不會討論。依我之見：焦慮不問對象為何，而是就情境而言；害怕時的注意力都集中在對象上；驚恐則似乎含有特殊的意義──它也是就情境而言，但危險卻是突然發生，因此心理上並未預期焦慮。因此我們可以說：有焦慮，便不可能有驚恐。

細心的人一定會注意到：「焦慮」一詞的用法，總是曖昧隱晦、模糊不清。一般而言，「焦慮」是用來表示危險發生時引起的主觀情境，這種情境為情緒的一種。那麼，在動態意義上講，焦慮究竟是怎麼一回事？

首先，焦慮包含著某種行動的興奮或發洩；其次，它包含著兩種感覺──即動作已完成的知覺，與直接引起的快感或痛感，這種快感或痛感給予了情緒主要的情調。然而，我們並不滿意這種解釋，因為這種說明並未完全列舉出情緒的本質。我們對於某些情緒，似乎有較深入的瞭解，並且知道它是過去特殊經驗的重演。這種經驗起源很早，且是人人皆有的早期經驗，能在物種的早期歷史中發現，而非個體歷史所有。對此我可以說：情緒狀態的結構，

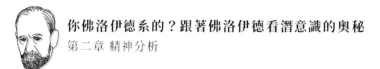
正如歇斯底里症一樣，都是記憶的沉澱。因此，歇斯底里症即是一種全新的個人情緒，正常情緒則是一種代代相傳的、已然普遍的歇斯底里症。

　　需要說明的是：以上關於情緒的見解，並非是心理學的共識。恰好相反，這些概念成長於精神分析土壤中，是精神分析的產物，對此我不作過多解釋，且繼續探討。我們已經明白，這個由焦慮情緒重新發現的過去印象究竟為何——即關於生產的經驗——這種經驗包含痛苦、興奮的發洩、身體的感覺等等，成為生命面臨危險經驗時的原型，且能再現於驚駭或焦慮的情境中。生產時之所以焦慮不安，是由於停止輸送新血液，乃過度刺激——故第一次焦慮是由毒性引起。焦慮不安（德文：Angst）這個名詞，意即狹小之地或狹路，強調的是呼吸緊張，而這種用力呼吸乃是一種具體情境（即子宮口等）下的結果，而到了後來便經常伴隨著情緒重複發生；又第一次焦慮不安，乃與母體分離所致。而我們相信經過了無數代後，重複引起第一次焦慮的傾向已深深潛伏在體內，故沒有誰能免除焦慮不安。

　　我所說，生產是焦慮情緒的原型，並不是玄想虛構，而是從人們樸素的直覺心靈中獲得。許多年前，我與許多家庭醫生一起用餐，有一位產科醫生的助理告訴我們，關於助產學生畢業考的趣事。考官問學生：生產時若在水中看見嬰兒的排泄物，有何意義？有一個女考生立即回答，是因為孩子受到了驚嚇。結果她的答案飽受嘲笑並且落第。但我在內心隱隱感到同情，並懷疑這個純粹靠直覺的女人，是否已經看出一個很重要的關鍵？

　　現在讓我們回過頭來討論，精神官能症的焦慮。精神官能症患者的焦慮，究竟會有哪些特殊的表現和情境？首先，它是一種普遍的顧慮，是一種「自由漂浮，無固定目標」的焦慮不安，且容易附著於任何思想之上，進而影響判斷力，並引起期望，彷彿期待著自圓其說的機會。這種情境可稱為「期望的恐懼」或「焦慮的期望」。患有這種焦慮的人，會憂慮種種可能的災難，將所有偶然發生或不確定的事，都解釋為不詳。生活中往往也存在這種認為禍患將至的人，但他們並未患病，這種人可稱為多愁善感、悲觀，甚至杞人憂天；然而精神官能症中的焦慮症，必然存有這種「過度期望恐懼」的屬性。

　　除此之外，還有一種與此相反的焦慮：它不依附於任何思想上，卻常附著於固定的對象和情緒上，此即各式各樣的「特殊恐懼症」。美國著名的心理學家霍爾，最近費心將這些恐懼症分門別類，並以希臘語命名。特殊恐懼症就像是埃及的十種災難一樣，卻又遠遠不止十種。需要注意的是，恐懼症的對象可包含下列各種：曠野、天空、黑暗、貓、鼠、蛇、蜘蛛、毛毛蟲、雷電、刀劍、血、人群、幽閉場所、孤獨、過橋、航海等等。

　　這些形形色色的事物，可大致再分為三組：

　　第一組的許多對象與情境，一般人也會感到恐懼，因為它們確實多多少少都與危險有關。這些恐懼症似乎十分強烈，但仍可以理解，如多數人看見蛇都會害怕而想逃避，對蛇的恐懼症可以說是人類共有的。

　　第二組的所有對象和危險仍有關係，但我們通常會忽略這種危險，情境的恐懼多半屬於此組。如偶爾發生的火車相撞、輪船沉沒乘客遭受滅頂之災、橋梁突然坍塌橋上行人會落水，但這些事情並不常見，因而我們也不十分在意其中的危險。其他如人群、幽閉場所、雷電亦是如此。對於這些恐懼，我們不能瞭解的不是內容，而在於強度。伴隨恐懼的焦慮是絕對無法形容的；反過來說，精神官能症病人對於我們在某些情況下焦慮的事情，卻絲毫不感到害怕。

　　第三組卻完全不是我們能理解的。如一個強壯的男子，害怕走過自己街區的街道或廣場；一個強壯的女人，竟因一隻貓走近，或一隻小老鼠跑過她面前，便大驚小怪地喊叫，甚至害怕得幾乎暈倒、喪失知覺。我們究竟如何才能看出這些人所憂慮的危險？以這種「動物恐懼症」而言，已不是在一般人的恐懼上增加強度的問題了；為了證明情形正好相反，我們也能看看下列情形：有人不見貓就罷了，一見便不禁去撫摸牠，以引起貓的注意；老鼠原本多數女人害怕的動物，但也有女人喜歡自己愛人稱自己為「小老鼠」；一個人害怕走過橋梁或廣場，其行為無異於小孩，而小孩會認定危險歸因於成人的訓導；患有幽閉恐懼症的人，如有朋友帶著他走過空曠的地方，就能消除他的焦慮不安。

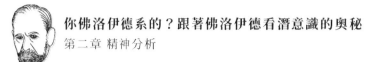

前兩種焦慮，一為「自由漂浮」的期望恐懼，一為附著於固定事物上的恐懼，二者各自獨立，沒有相互關係。其中之一絕不是另一種的延伸，它們很少會合二為一；即使有這種情況，也只是偶然。最強烈的焦慮不一定會成為恐懼症；反之，終身患有恐懼症的人，也未必抱持悲觀的期望焦慮。許多恐懼症都是成長後習得的，如怕空地，怕坐船、乘火車等；還有一些恐懼症，似乎是與生俱來的，如怕黑、怕雷電等。前者為嚴重病態，後者則是個人怪癖。無論是誰，若有後者的症狀，我們便會懷疑他也患有同類中另一種恐懼症。在此需要說明的是：這些恐懼症應當都屬於焦慮性歇斯底里症；換言之，我們認為它們和所謂轉化型歇斯底里症有密切的關係。

第三種精神官能症的焦慮，則是一種難解之謎，因為它和危險間並沒有直接的關係。這種焦慮不安也許能在歇斯底里症中發現，而伴隨相同的症狀；或者發生在不同的刺激條件下，由於這種條件，我們雖知道患者有情緒表現，但也無法預料它是屬於焦慮的情緒；或者甚至在沒有任何條件下，一種毫無原因的焦慮狀態，我們對此會感到莫名其妙，病人也同樣不明其意。而即使我們進行多方面研究，也無法看出危險所在。

所以，由這些自然而來的病症，我們認為所謂的焦慮，可分離成許多成分，整個病症也可以用一些特別明顯的症狀來代表：如顫慄、衰弱、頭暈、心跳加速、呼吸困難等，而我們所認為的焦慮情緒，反而消失不見，或者微弱得無法察覺。然而這些症狀，可稱之為「焦慮的等同物」，因為它與焦慮有相同的臨床症狀及起因。

以上的內容為我們引出了兩個問題：「真實焦慮」是對危險的一種反應，但精神官能症的焦慮卻與危險無任何關係。這兩種焦慮究竟有無關聯的可能？如何才能瞭解精神官能症的焦慮？

臨床觀察提供了種種的線索，可藉此瞭解精神官能症中焦慮的意義。

一、我們不難看出，期望的驚恐、一般的焦慮，兩者與性生活的某些歷程──或應用欲力的某些方式──有很大的關係。對此，最簡單且耐人尋味的例子，是那些性興奮總是被阻斷的人。他們強烈的性興奮無法充分發洩，並常常不圓滿的結束。如男人在訂婚之後，結婚之前；或者女人擔心丈夫沒

有充分的性能力；或者為了避孕而草草完成性交的行為，便常常會有上述的經驗。在這種情形下，欲力的興奮消失了，取而代之的則是焦慮感，從而形成期望的驚懼，或形成焦慮不安的病症。男人的焦慮症大都起因於性交中斷，故醫生在診斷時，必須先探究這種原因的可能性。如果修正了錯誤的性行為，便可消除這種焦慮症，這一點已有大量實例能證明。女人則與男人不同，她們的性機能實質上是被動的，所以性行為全由男人掌握。一個女人越喜歡性愛，面對男人無能的表現，或性交被中斷，越會表現出焦慮不安；如果女人對性方面不感興趣，或性需求不強烈，雖受到同樣的情況，卻不至於有太嚴重的影響。

除此之外，節慾與焦慮不安之間也有密切關聯。如今許多醫生均熱心主張節慾，但欲力如果沒有發洩的管道，又無法轉換成昇華作用，則所謂節慾，也僅只能成為引起焦慮不安的條件。

以上討論，我並沒有清楚的指出欲力與焦慮不安的關聯。如在青春期和停經期，欲力異常的增加，自然會影響到焦慮不安。在許多性興奮的情況中，我們也可以直接發現：性興奮與焦慮不安混合，而欲力興奮最終會被焦慮不安取代。凡此一切產生了雙重印象：第一，欲力增加時，卻沒有正常的發洩機會；第二，僅屬於生理的一個問題，性慾究竟是如何觸發焦慮不安，目前尚無清楚地瞭解；我們只能說，當性慾消失時，焦慮不安便會隨之而來。

二、第二種線索，是從精神官能症（尤其是歇斯底里症）的分析中得到的。我們知道，焦慮不安往往是歇斯底里症會出現的症狀之一，而沒有對象的焦慮也可以長期存在、或表現於患病時。病人無法說明自己恐懼的原因，於是常常借助二度潤飾作用，使自己與最可怕的對象：如死亡、災難等聯繫起來。我們如果分析病患焦慮、或伴有焦慮症狀發生的情境，往往可推測出，因為橫遭阻撓而表現出焦慮，究竟是何種正常心理歷程的替代？換言之，我們可以推想，潛意識的歷程好像未受壓抑，並且毫無阻礙地順利進入意識內。這個歷程本該伴隨一種特殊的情緒，現在令人驚訝的是，這個理應伴隨此精神歷程而進入意識內的情緒（不論是何種），都可以被焦慮不安所取代。所以，對於歇斯底里性的焦慮不安而言，其在潛意識上相對應的情緒，應該是

一種性質類似的情感，如羞愧、懊惱，或尷尬不安，也可是一種「正面」的欲力興奮，或一種反抗的、攻擊性的情緒，如氣憤或暴怒。所以在其相對應的觀念內容受到潛抑的時候，焦慮不安無異於一種通用貨幣，可以用來作為一切情緒的兌換品。

　　三、有些病人有強迫的症狀，這似乎可以免除焦慮不安，這些人便提供了我們第三種線索。如果我們禁止病人的強迫動作，如不斷的洗手或種種其他儀式，或者他們自動停止自己的強迫行為，就會陷入一種極大的恐懼——故他們不得不臣服於這種強迫行為。我們知道，在他們的強迫動作下潛藏著焦慮，而之所以有強迫行為，也只是為了逃避這種焦慮恐懼感。所以，強迫症患者的焦慮不安，是被強迫的症狀所替代；此時再回過頭來看歇斯底里症，也能發現類似的關係——潛抑作用會產生一種單純的焦慮，或一種混有其他症狀的焦慮，甚至一種沒有焦慮的症狀。從抽象意義的角度似乎可以說：症狀形成的原因，目的是避免發展焦慮不安。由此可見，焦慮在精神官能症的問題上，占有至關重要的地位。

　　透過對焦慮症的觀察，我們可以得到下列結論：若欲力喪失正常的運用方式，便會焦慮不安，這種經過以身體經驗為基礎。由歇斯底里性的精神官能症及強迫症的分析來看，又可以得到另一結論：心理的反抗，也可以使欲力喪失正常的運用方式。因此，關於精神官能症的起源，我們所知道的僅此而已。雖仍不明確，但短時間內也沒有其他更好的方法，能增進我們這方面的知識。

　　我們要進行的下一步工作，即建立精神官能症的焦慮與「真實的焦慮」之間的聯繫，這似乎更為艱難。要達到這一目的，我們可藉自我和欲力的對比加以說明。焦慮的發展，乃是自我對危險的反應與逃避之前的準備。那麼，我們現在能再進一步推想：自我在精神官能症的焦慮中，也企圖逃避欲力；自我對待體內的危險，亦如對待體外的危險一樣。如此，「凡有所慮，必有所懼」的假設，便得到了證明。但這個比喻尚不局限於此，就像逃避外界危險時，筋肉立即緊繃，能立即做出相當的防禦。如今精神官能症中焦慮的發展，已漸漸形成症狀，焦慮便擁有了更穩固的基礎。

　　而我們難以瞭解的問題，出現在別的地方：焦慮的目的在於使自我逃避欲力，而焦慮仍源於欲力之內，這是不易領會的。我們必須清楚：個人與欲力，不可分割看待。焦慮發展中的動力學問題，迄今仍隱晦不明。例如被消耗的究竟是何種精神能力？這些能力究竟屬於何種系統？種種問題尚未得出明確的答覆，但我絕不會忽略前兩個線索，以證明我們的聯想。

　　現在我們將轉而研究兒童的焦慮來源，以及附著於恐懼症的焦慮起源。

　　焦慮心理在兒童中是十分普遍的現象，但我們很難確定：究竟是屬於精神官能症的焦慮，還是「真實的焦慮」。實際上，在研究兒童本身的態度後，這種焦慮的區別方式便出現問題。一方面，我們很容易發現：兒童害怕陌生人，且害怕陌生的對象和情境，但如果考慮他們的無知與柔弱，便會釋然。因此我們認為：兒童有真實焦慮的傾向，並且只可能是這種傾向——假如兒童的焦慮心理是來自於遺傳的話。兒童似乎不是在重演史前人類及現代原始人的行為，這些人由於無知與無助，不論是新奇陌生的事物，還是自己熟悉的事物，均會產生恐懼感；然而這些事物在我們看來，卻沒什麼好恐懼的。倘若兒童恐懼症中的一部分，被視為人類發展初期的遺物，那也恰好吻合我們的期望。

　　另一方面不能忽視的是：兒童的焦慮心理並不完全相等。那些畏懼各種對象、情境的兒童，待年齡稍長後，往往會變為精神官能症患者，故將兒童的焦慮歸類為真實的焦慮也不妥當，因為也有可能是精神官能症傾向的記號。可知，焦慮心理比神經質更為原始。我們可以斷定：兒童或成人之所以恐懼欲力，是因為他們對任何事物皆感害怕。如此，焦慮起源於欲力的主張便被推翻了。在研究「真實的焦慮」的條件後，就邏輯上而言，可得到如下結論：對於身體軟弱無助的意識——阿德勒所謂的自卑感——到年長後仍然存在，此即為造成精神官能症的真正原因。

　　這句話看似簡單，但我們不得不予以高度重視。這種「自卑感」——與焦慮傾向、症狀——似乎可以確實存在於年長時期；那何在某些例外的情形中，竟會有我們稱之為「健康正常」的結果？對此我們不得不進一步說明。

　　仔細觀察兒童的焦慮心理後，能得到什麼收穫？兒童之所以害怕陌生人，最初並不是因為覺得陌生人懷有惡意，自己很弱小、遠不及他們強壯，認為他們會危及自己的生命、安全和快樂。這種以為兒童懷疑、害怕外界強大惡勢力的觀念，是一種極其淺陋的理論；恰好相反，兒童之所以害怕陌生人，乃是因為他習慣期望一個親愛熟悉的面孔——母親的面孔。而由於渴求失敗，遂轉變為恐懼——他的欲力無法消耗，又不能長久儲存不用，因此變為恐懼發洩。這種情形乃是兒童焦慮的初型，而其在生產時所有原始焦慮的條件（即和母體分離一事），也復見於這種情形中。由此可見，兒童的焦慮並非一件偶然的事情。

　　兒童最早的恐懼情境乃是黑暗和孤獨。前者常終身跟隨；兒童渴求保護者或母親的出現，則同時造成了黑暗與孤獨。我曾聽見一個害怕黑暗的孩子大喊：

　　「媽媽，跟我說話吧，我好害怕！」

　　「跟你說話有什麼用呢？你看不見我呀！」

　　孩子回答道：「如果妳與我說話，便可以使房間明亮些。」

　　所以，兒童在黑暗中的期望，最終轉變為對黑暗的恐懼。精神官能症的焦慮並非只附屬於真實的焦慮，而是更為特殊另一種情況；兒童的行為卻類似於真實的焦慮，其根本源於無法發洩的欲力，這點與精神官能症的焦慮相同。兒童出生後，似乎非查缺乏真正的「真實的焦慮」；那些後來會成為焦慮的情形，如坐火車、輪船，登高，過橋等等，小孩卻無所畏懼，因其所知愈少，所畏也愈少。兒童十分喜歡誇大自己的能力，因為他們不知危險，故行動毫無顧忌，例如玩弄剪刀、玩火、跑向河邊、坐在窗檻上。總之兒童的行為，常常會傷害自己，使照顧他的人心有餘悸。由於我們不能讓兒童在痛苦的經驗中學習，所以只能透過訓練，以引起兒童「真實的焦慮」。

　　假使有些孩子，在受到教育後很容易的學會焦慮，對未受警告的事物也會持警惕之心，那麼我們就可以猜到：這種孩子在天賦上，必定比其他孩子有更大量的欲力需求——那些後來變成神經質的人，孩提時代都屬於此類。

我們知道，一個人若長久無法發洩大量欲力，那麼他就很容易罹患精神官能症。由此可見，這其中包含著一種先天因素，對此我們從未否認；我們所要抗議的，只是由所有一致的結果看來，先天的因素本無地位，僅僅是輕於鴻毛，有些學者卻偏偏強調先天因素，而將其他因素完全排斥在外。

在此，我們在觀察兒童的焦慮心理後，獲得以下總結：兒童的恐懼，最初與「真實的焦慮」並無關聯，但與成人的精神官能症焦慮密切相關。兒童的恐懼與精神官能症的焦慮一樣，源於不能發洩的欲力；兒童一旦失去其愛慕的對象，便利用此種恐懼，來取代外在對象或某些情境。

我們透過分析恐懼症得到的知識，並不比已知的多。兒童的焦慮如此，恐懼症亦如此。總之，欲力如果無法發洩，便會不斷地轉變為一種類似於「真實的焦慮」，於是外界某種無足輕重的危險，就被當作欲力希望得到的代表。這兩種焦慮是互相一致的，這一點不足為奇；因為兒童的恐懼，不只是歇斯底里症中所有恐懼的雛形，又是其直接的前奏。每一種歇斯底里症的恐懼，即使由於內容的不同，而有不同的名稱，卻都能溯源於兒童恐懼的延續。兩種情況的區別，在於它們的作用機制：成人的欲力即使不能立刻發洩，也不足以轉變為焦慮不安，因為他們懂得如何保存、不使用欲力，或將欲力應用在其他方面。但假如欲力附著於一種曾經被壓抑的心理興奮，那麼類似於兒童的情形——兒童身上尚未區分有意識、潛意識——便會出現在成人身上；由於退化作用，成人回復到孩提時代的恐懼，形成一座橋梁，使欲力很容易能成為焦慮。

欲力會轉化為焦慮，說得更清楚些：欲力以焦慮的方式得到發洩，而這是潛抑作用的直接結果。對此我們必須加以補充：被壓抑的欲力唯一、最後的命運，不一定是轉變為焦慮。在精神官能症中還有一種機制，能阻止焦慮產生，而其方法不止一種。例如在恐懼症中，我們便可以精神官能症的歷程分為兩階段：第一個階段發生潛抑作用，使欲力轉為焦慮，而焦慮則是針對外界的危險；第二個階段，則是建立起完全的防禦壁壘，避免與外界的一切危險接觸。自我因為深深感受到欲力的危險，於以潛抑作用逃避欲力壓迫；抵抗外來危險的城堡即為恐懼症，而外界的危險就是可怕的欲力。

　　恐懼症中的防禦系統之所以存有漏洞，乃是因為：城堡只能抵禦外部危險，卻無法抵禦內部危險。僅僅抵擋外界危險，是永遠難以見效的。所以，其他精神官能症便發展出不同的防禦方法，以阻止焦慮發展。這是精神官能症心理學中最引人入勝的部分，但在此討論未免離題太遠，而且這個討論還必須以專業知識為基礎。所以，我們只是簡略地作如下說明：我已經說過，自我在潛抑作用上建立起反攻的堡壘，這個堡壘必須守住，潛抑作用才能繼續存在；至於它的任務，即是盡其所能的抵抗，以免焦慮從潛抑作用下抬起頭來。

　　且回過頭來講恐懼症。我希望你們已經明白：僅僅設法解釋恐懼症的內容，並且只對恐懼症的衍生物（產生恐懼症的各種對象或情境）感興趣，是絕對不夠的。恐懼症內容之重要，正與夢的重要性一樣——兩者都是一種謎團。我們必須承認，在各式各樣的恐懼內容中，無論內容如何變化，由於物種遺傳的關係，某些恐懼症特別適合成為恐懼的對象，這些是霍爾所指出的；並且這些恐懼的對象，除了與危險有「象徵」的關係外，並沒有其他太大的關聯。

　　因此我們深信，焦慮問題在精神官能症心理學中占有重要的地位，且深深認為：焦慮的發展、欲力的命運與潛意識系統，有著非常密切的關係。只是還有一個事實：即「真實的焦慮」是自我本能對保護自我的外顯。這個事實雖無法加以否認，但也尚不能完美貼合學理系統，這乃是我們理論的不足之處。

▌壓抑

按語：

　　佛洛伊德把壓抑的概念，引入精神官能症的分析，其中對壓抑的本質、原因、結果及精神官能症的關係進行了深入的探討。佛洛伊德指出：壓抑最重要的作用，就是防止因精神釋放，造成大量情感因素刺激有機體。壓抑以自我分析訊息，判斷是否有利於大腦接受，而非是否有利於現象接受——因此產生了錯覺。在情感的釋放中，開始形成一種新的規則：它服從於至高無上的快樂原則，目的在於減輕過多的心理負擔，同時透過內在的精神完成這一任務，並恰當地改變現實。令人讚嘆的是，壓抑全程加起來絕不會超過百分之一秒……

　　本能衝動的變化之一，是透過抵抗被遏止。我們將進一步探討的問題是：在某些條件下，衝動進入了「壓抑」狀態。如果問題在於外在的刺激上，適宜採取的方法無疑是逃避；然而對於衝動而言，逃避是沒有用的，因為對自我而言，無法逃避自己。所以，反抗本能衝動的較好方式便是拒絕，而此建立在判斷的基礎上。壓抑是譴責的前期表現，處在逃避與譴責之間。而在精神分析前，從未有過關於壓抑的明確闡釋。

　　從理論上分析壓抑並不容易。本能衝動為什麼會有這種變化？發生這種變化雖然需要必要的條件——即本能要求不愉快的滿足，而非愉快的滿足。但很難想像這種可能性，因為從來沒有這樣的本能存在——本能的滿足總是愉快的。我們必須設想出一些特殊情形，而就在這些過程中，愉快性滿足變成了不愉快滿足。

　　為了更好地界定壓抑，讓我們討論一下其他的本能情形：有時一些外在刺激會變成內在刺激，比如，因飲食過度而傷害某些器官時，器官的緊張增強，一種新的興奮源便產生了，而這種刺激與本能十分相似。我們這方面的經驗，能以疼痛加以說明，但是這種「假本能」，目的僅僅在於阻止器官受傷，故疼痛消失後不可能獲得其他的直接愉快；除此之外，疼痛具有強制性，要消除疼痛，就必須治癒受傷的器官或克服心理傷害。疼痛的情形完全無助

於對壓抑的認識。現在讓我們看一下，當類似飢餓的本能未獲滿足時，會出現什麼情形：此時飢餓也變得具有強制性，除了滿足飢餓，其他都無用，飢餓進入持續緊張狀態。

然而，就壓抑的實質而言，它絕對無法如此輕易地被排遣。故壓抑絕不是在「本能未獲得滿足時，瀕臨極限的緊張」的情況下產生的。因此有機體防禦方法的焦點，必須轉向其他聯結中。

聚焦精神分析實踐中的臨床經驗後，我們發現：被壓抑的本能很可能是想獲得滿足，而且在任何情形下，滿足就其本身來說都很愉快。但被壓抑的本能與其他的目標和要求衝突，於是便成了有時愉快、有時不愉快的現象。這個結果促使壓抑的產生，即：因不愉快而招致的動機力量，超過了滿足帶來的愉快。

精神分析對「移情性精神官能症」的觀察，使我們得出了以下結論：壓抑起初並不是一種防禦機制，它只會出現在意識與潛意識之間明顯的「裂縫」。壓抑的本質在於「從意識中移走某些事物，並與之保持一定距離」。深入地說：若心理組織無法壓抑，為了避開本能衝動，本能可能會出現變化，比如：轉向反面或曲解自我。

若要更深入分析壓抑的範圍、壓抑與潛意識的關係，我們必須先清楚心理結構的連續性、意識與潛意識的區別，才能深入探討壓抑的本質。如此，我們便能十分清晰的描述臨床觀察到的壓抑特點。

我們有理由假定存在一種「原始壓抑」，它是壓抑的第一階段，由被拒絕進入意識的本能心理（或觀念）表徵組成。此後，心理表徵保持不變，而本能則固著其上。這是由潛意識過程的特徵所決定，後面會再加以討論。

壓抑的第二個階段才是「固有壓抑」，影響壓抑的表徵心理衍生物、或其他相關的思想鏈，這些觀念或思想背負著「原始壓抑」的命運，即「固有壓抑」成了一種「後壓力」。除此之外，僅僅強調意識直接排斥被壓抑的事物是不正確的，重點在於：原始壓抑中的事物相互吸引後，能建立起新的聯

結。而如果它們不互相合作、也沒有準備要接受被意識拒絕的事物，那壓抑的目的就毫無意義了。

有關精神官能症的研究，使我們注意到壓抑的嚴重後果，我們很容易高估壓抑的心理壓力，卻遺忘了下列事實：壓抑並不阻礙潛意識中本能表徵的存在，也並未阻止本能建立新的聯結；事實上，壓抑只干擾本能表徵與一個心理系統——意識的關係。

除此之外，精神分析還使我們認識到，壓抑帶給精神官能症患者的其他嚴重後果，比如：本能表徵因為受到壓抑，而擺脫了意識的影響後，壓抑受到更少的干擾而充分發展。壓抑在黑暗中擴散，用極端的形式表達，當它們轉換成精神性並呈現於精神官能症者時，患者因為看到奇異、危險的本能力量而驚恐不已。這種本能的假象，源於抑制後產生的幻覺，與抑制挫折滿足；而抑制挫折滿足與壓抑的結合，導出了壓抑真實的意義。

讓我們再一次審視壓抑的反面：如果認為壓抑是克制意識中的原始壓抑，是不正確的。如果這些衍生物徹底脫離了壓抑表徵，即聯結脫離，或是被曲解，被壓抑的事物方能自由出入意識。抵抗意識似乎與原始壓抑的距離有很大關係。在使用精神分析技術時，我們總是要求病人盡可能地釋放被壓抑的衍生物，這些衍生物因為間接性、曲解性，得以透過意識稽查。我們要求病人給出的聯想，並不受意識的目的性觀念影響，而透過這樣的聯想，形成了壓抑表徵的意識性轉移——這些聯想顯然屬於間接、曲解的。這一過程使我們觀察到：病人可以編織一個聯想的網路，直到他開始能反對某些思想，那麼受壓抑的事物便昭然若揭。精神官能症的症狀也是壓抑的結果，唯有透過自身的努力，才能將被意識否定的東西，帶到意識表層上。

究竟觀念的間接性和曲解性，要消除到何種程度，尚無法確定一個通則。雖然已產生了一種微妙的平衡，但遮掩了我們的視線；然而，我們卻能假定它的操作方法。

當潛意識專注到一定程度時，就會中止——若超過了這一程度，潛意識就會尋求滿足。所以，壓抑在個體間存在著明顯的差異。每一個被壓抑的結果也許都有自己的特殊變形，或多或少的曲解都會改變整個結果。就此而言，

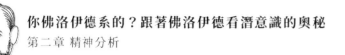
我們便能理解人為何會特別偏愛某些目標，但又深惡痛絕作為相同知覺與經驗目標的理想，人與人的區別便是由這些微妙的變形造成的。正如我們在追溯戀物癖的起因時發現：原始的本能表徵很可能會分為兩半，一半受到壓抑，另一半由於這種密切的聯結而理想化。

與此相同，也能透過其他器官的活動，增強或減弱曲解的程度。比如：在產生愉快或不愉快的條件下，為了改變心理力量的活動，用愉快替代本該產生的不愉快。我們已經採用了一些特殊技術，能消除被拒絕的本能表徵的壓抑。到目前為止，關於這些技術的細節研究，僅在《詼諧與潛意識的關係》中出現過。但作為一條規則，僅能暫時性消除壓抑，很快就會恢復原狀。

此外，這類觀察能讓我們認識壓抑的更多特徵。如前所述：壓抑的活動不僅存在個體差異，而且極度動態。絕不能認為壓抑的過程是一次性的，而是永久性的，就像被殺的生物將永遠死亡一樣。一旦停止壓抑，人便會受到傷害，因此必須擁有壓抑的此類行為。我們能設想：被壓抑的觀念在意識的持續壓力下活動，平衡這股壓力必須有一股恆定的反壓力。從經濟學角度來看，持續壓抑需要不斷的付出能量，如此才能節能的消除壓抑。睡眠狀態中也能發現壓抑的動態性，壓抑本身能夠產生夢；而甦醒後，睡眠中的壓抑性專注便會再次消失。

最後我們必須知道：無論如何，我們對壓抑本能衝動的論述微乎其微。但若不片面對待被壓抑的衝動，也許衝動的形態就會千差萬別。衝動可能不活潑，僅需要少許的心理能量；也可能非常活躍，需要不同程度的心理能量。衝動的活動無法直接消除壓抑，但能迂迴的進入意識，而潛意識中未被壓抑的觀念，常常是由衝動的活動程度或專注度所決定。這是每天都會發生的現象：一種觀念即使只有很小的心理能量，它就不會受到壓抑，儘管觀念的內容會增加意識中主導觀念的衝突。觀念的數量對衝突具有決定性，一個有害的觀念一旦達到一定的強度，必定會產生衝突，並必然導致壓抑。故就壓抑而言，越專注潛意識能量，就能降低厭惡度，找到替代的壓抑傾向。

以上探討的是關於本能表徵的壓抑問題。我們認為：所謂本能表徵，指的是一個觀念或一組觀念，源於本能特定專注的心理能量（興趣或欲力）。

臨床觀察使我們能劃分所謂的「單獨存在物」，它表明：除了觀念之外，也應該考慮本能表徵的其他因素。而壓抑的其他因素與觀念有很大的不同，一般將心理表徵的其他因素稱作「情感量」。作為對本能的反應，心理表徵與觀念分離，與其觀念的數量相稱，用情感的形式表達出來。以此為基點，在描述壓抑時，我們將採取分離的方式，即：作為壓抑的結果，哪些變成了觀念，哪些變成了附著於觀念的本能能量。

當我們試圖對兩者的變化做一般性的說明時，令人驚喜的是並不困難。代表本能觀念的一般性變化，如果曾屬於意識，便會從意識中消失；如果要轉為意識，卻要脫離意識存在。差異並不是非常重要，這就像使一位自己不歡迎的客人離開，在我辨認出這位客人是誰之後，便不讓他跨過我的門檻（這一對於壓抑過程的明喻，也可用壓抑的特徵作說明：為了阻止這位客人破門而入，我必須在門口安排一個永久的警衛）。從數量上看，本能表徵有幾種可能的活動（從精神分析觀察的角度）：要麼本能被全然壓制，以至於找不到它的任何痕跡；要麼偽裝成情感的形式出現；要麼轉為焦慮。後兩種可能性提供我們更多的思考空間，即本能進一步轉移成情感，尤其是轉移成焦慮。

事實表明，壓抑的目的即是為了避免不愉快。屬於表徵的情感變化遠比觀念的變化重要，這一事實對於壓抑過程的估價具有決定作用。如果壓抑無法避免不愉快情感或焦慮的出現，就是失敗，儘管在觀念上實現了目的。當然，失敗的壓抑比成功的壓抑更能引起我們的興趣，因為若壓抑成功，很容易就會被我們錯漏。

現在該是探討過程機制的時候了，我們尤其想知道：究竟是一種，還是一種以上的機制在運作？精神官能症是否會因壓抑機制的不同而有差異？但由於問題的複雜性，尚沒有確切的答案。要瞭解壓抑機制，只能透過壓抑的結果推測。如果限定在觀念層面的壓抑結果，我們便會發現：壓抑通常會創造出替代形式。

但替代形成的機制又是什麼？我們是否該區分不同的機制？我們已知道，壓抑總會在替代反面留下症狀。那我們是否可以這樣假定：替代形成與症狀相伴而生？如果總體上是這樣，那麼症狀形成的機制是否與壓抑機制相

同？最一般的可能性是：這兩者有很大的區別，壓抑本身並沒有形成替代和症狀，但替代形式和症狀卻是回歸壓抑的標誌，附著於其他的過程上。故在考慮壓抑機制之前，思考一下替代形成與症狀的機制似乎也很合理。

雖然，這進一步的設想不太實際，因為任何假設都必須建立在審慎分析上。不過我建議，在獲得意識和潛意識關係可靠的概念之前，最好先推遲分析精神官能症的壓抑結果；而為避免討論毫無所獲，我認為應先弄清以下問題：

一、壓抑的機制事實，並不與替代形成的機制相伴而生；

二、有多種替代形成機制；

三、壓抑的機制至少有一個共同點：撤回對能量或欲力的專注，轉而聚焦於性本能。

此外將問題限制在精神官能症的三種經典形式中，在此我將舉一些例子，說明這些概念是如何應用於壓抑的研究。

為說明焦慮性歇斯底里症，我將舉一個經過認真分析的動物恐懼症病例（這當然是「狼人」病例的一種參考。雖然該病例在本文出版後三年才印行，但在這之前已基本完成）。此案例中，壓抑的本能衝動表現為對父親的欲力態度，並伴有對父親的懼怕；而經過壓抑，衝動從意識中消失，父親已不再作為欲力對象，取而代之的是某些能成為焦慮對象的動物。就觀念部分而言（本能表徵），替代形成源於某種特殊方式下觀念鏈的轉移。衝動並未消失，只是轉移成了焦慮，用對狼的恐懼替代了對父愛的需求。當然，即使是對最簡單的精神官能症，單就這一病例也不足以解釋，還有其他的問題需要考慮。動物恐懼症可以說是極失敗的壓抑，它所做的一切無非是轉移和替代觀念，但根本無法消除不愉快。正因如此，才會不斷產生精神官能症，而為實現這急迫且重要的目的，便走上了第二個階段——逃避。即形成了恐懼症，一系列的迴避均在防止釋放焦慮。而更進一步的研究，能使我們理解恐懼症實現目標的機制究竟為何。

當考察真正的轉換性歇斯底里症時，我們不得不換個角度審視壓抑過程；而此時它最顯著的特點，便是情感量全然消失。一旦如此，病人的症狀便出現了沙可所謂的「無所謂狀態」。在其他情況下，這並非是成功的壓抑，有一些痛苦的感覺會依附到症狀上，用以證明不可能阻止焦慮的釋放，導致了恐懼症的形成；更進一步的觀點表明，精神被過度支配正是被壓抑本能的表徵本身——雖然經過了凝縮，但全然自我專注。當然，以上所述並不能使我們完全掌握轉換性歇斯底里症的全部機制，尤其是壓抑的因素問題，故將考慮其他的聯結。就擴散性的替代形成，所引發的轉換性歇斯底里症壓抑而言，可以說是全然的失敗；然而，說到情感量問題（壓抑的真正任務），它卻又是全然的成功。在轉換性歇斯底里症中，壓抑過程在症狀內完成，並不同於在焦慮性歇斯底里症，只發展到第二個階段，而是永無休止的發展。

為了闡述的需要，下面我們將討論另一種壓抑，即強迫症的壓抑。首先，我們將懷疑，什麼樣的本能表徵會附著於壓抑——究竟是欲力的，還是故意傾向。之所以會出現這種不確定性，因為強迫症是以壓抑為基點，用情愛替代了施虐傾向。正是對愛慕對象的仇視本能導致了壓抑，而壓抑初期與後期往往有不同的結果：起初壓抑全然成功，觀念內容被拒絕，情感也消失，而作為替代形成，自我出現變化，意識成分明顯增加，這很難稱為症狀。此時，替代與症狀並不是相伴而生的，這一研究也使我們能更瞭解壓抑機制。

無論在強迫症中，還是在其他病症中，壓抑都導致欲力退縮，這源於反向形成。在這種情況下，替代形成與壓抑具有相同的機制，從根本上是共生的，而無論從順序上還是從概念上講，都不同於症狀形成。也許正是這種模棱兩可的關係，使壓抑的施虐衝動得以實現；然而，起初雖然壓抑成功，但卻並不堅定，而隨著時間的推移，失敗會越來越明顯。反向形成的矛盾產生了壓抑，而被壓抑的矛盾又會成功地復歸。消失的情感又以社會焦慮、道德焦慮、良心譴責的轉換出現，被拒絕的觀點被轉移作用取代，且經常轉移到非常小、無關緊要的事情上。被壓抑的觀念就會清晰地被重建，正如我們在歇斯底里恐懼症中看到的那樣：壓抑失敗的數量和情感，會招致同樣的逃避機制，如迴避與禁止。然而，被意識拒絕的觀念卻仍頑固地堅持著，因為它

不願行動，限制了衝動的活動。因此，對強迫症而言，壓抑變成了一種毫無結果、冗長不堪的鬥爭過程。

　　以上這些簡單的比較，使我們不得不相信：若要徹底認識壓抑的過程，及精神官能症症狀的形成，需要更廣泛的研究。極端錯綜複雜的因素，使我們僅能用一種方式去理解，必須依照順序採用不同的觀點，再借助實際的材料追根究柢，直至得到可利用的結果。對病人的任何單獨治療，本身都是不全面的，更別提那些僅觸及皮毛，而未認真對待的治療。但我們希望，最終的綜合研究能使我們正確理解壓抑，解開隱藏在深處的壓抑之謎。

▎移情作用

按語：

  在精神分析治療的過程中，病人會移情作用於醫生身上。假如醫生是男性，有些女病人就會想成為醫生的妻子或情人，有些則希望成為其愛女……而男病人也會有同樣的表現，會傾慕醫生、誇大醫生的能力、順從醫生的指示……此外，醫生還會發現病人（常是男性）的另一種表現──對醫生持敵對態度。以上這些，均屬於「移情作用」。本節佛洛伊德將為我們揭示了其中的奧祕。

  在「精神分析方法」一節中，我們已提到過這樣一個事實：精神治療取決於病人與醫生關係的發展。如果雙方關係和諧，則治療效果倍增；反之，則進展緩慢，甚至治療失敗。對此，我們尚未作詳細探討，但它仍是不容忽視的。臨床實踐的研究告訴我們，其中確實存在著影響治療的某種因素，而且在精神分析治療中極易被忽略。這一影響治療的因素，異常錯綜複雜，在此先描述一些比較常見、簡單的形式。

  在精神分析治療時，病人本來只需關注在解決自己的心理衝突，但他卻忽然對醫生本人產生了特殊的興趣。凡是與醫生有關的事，似乎比他們自己的事更為重要，便不再集中注意力於自己的病情上。病人與醫生的關係，一時表現得很是和諧：他順從醫生的意旨，力圖表達其感激，而且顯露出出人意料的美德。醫生因此對病人甚有好感，內心暗暗慶幸有治療此病人的福氣；醫生如有機會遇到病人的家屬，聽到病人對家屬說一些很尊重自己的話也會很高興。因此，家屬便對醫生讚不絕口，認為醫生有種種美德。家屬會異口同聲地說：「他對你非常欽佩、異常信任，你所說的話在他看來，竟都成為神的啟示。」

  醫生當然會非常謙遜，以為病人之所以尊重自己，一是因為希望能使他恢復健康，二是因為治療的過程讓病人大開眼界、增進知識。在這些條件下，精神分析有了驚人的進步：病人瞭解醫生的暗示，並集中注意力於治療；分析所需的材料──如病人的回憶聯想──都唾手可得；病人認為醫生的解釋

正確可靠，連醫生本人也感到驚訝，因為他原本以為這些新的心理學觀念會被普通大眾駁斥，而病人竟能如此信服，實在令人高興。分析中既有如此和諧的關係，病人的病情也漸有進展。

但好景不長，屆時，分析便會遇到困難：病人不再陳述新的東西。我們也開始感到病人似乎對這種工作失去了興趣，有時，如果你要求他描述自己所想，不必理會任何批判或反對意見，他也毫無反應；他的行為不再受治療情境的支配，好像從未與醫生有過任何承諾、任何協議。從表面看來，他顯然是因為其他不可告人的事情，而分散注意力。這便使治療不易進展，再度萌生阻抗作用。

但這其中詳細的經過到底是什麼？

如果我們已掌握這種情況，那麼其擾亂的原因就在於：病人對醫生強烈的依戀感情，且這個感情無法從醫生的行為和治療的關係能解釋。移情的表現和要得到的目標，自然隨兩人間的情形而異：假使病人為少女，醫生是一位為青年，發生愛戀並不足為奇。一個女人既然常常與一個男人單獨見面，又大談內心隱私，男人又處於指導者的地位，那女人對醫生產生愛慕，似乎十分自然──就一個精神官能症的女人來說，她愛的能力多少有些變態；但這一事實，我們暫不予討論。或假使一個年輕女人遇人不淑，而男醫生又未有愛人，那麼她可能會對醫生萌生熱烈的情感，甚至願意離婚委身於他；或不談離婚，但兩人彼此愛慕，這當然也是可以理解的──而這樣的事，即使是在精神分析治療之外，也屢見不鮮。

然而，在這種情境之中，女孩和婦女們經常陳述最驚人的供訴，可見她們對治療的問題有一種非常特別的態度：她們一直知道，除了愛情之外，沒有其他方法能治癒自己；且在治療一開始，她們便已期望著這種關係，以獲得實際生活中缺乏的安慰。基於這種期望，她們才願意忍受精神分析，不惜揭露自己內心的思想、克服一切困難。我們自己可以再補充一句：「她們竟能如此簡單的掌握，那些人們通常難以接受的事情。」然而，這種供訴往往令我們十分震驚，先前所有的分析皆化為烏有了。

　　但在這整個問題中，我們有沒有可能忽略了最重要的成分？而事實是：的確如此。

　　我們的經驗愈豐富，這個全新的成分也愈難以否認，雖然這個成分改變了整個問題，讓我們原本的科學分析感到害臊。我們腦海中首先想到的，是精神分析治療面臨到的一個意外阻礙。但這種對醫生的垂愛，縱使在最荒唐可笑的情境中——如老年的婦女和白髮醫生的關係，其中肯定並沒有引誘的存在——也無法避免。

　　由此，我們不得不重視這個干擾，承認我們所處理的這個現象的本質，與疾病的性質有較密切的關係。

　　這個不得不承認的事實，我們稱之為「移情作用」，即指病人轉移情感於醫生身上，而受治療的情境，自然無法解釋這種情感的起源。我們甚至懷疑此一情感，起源於另外一個方面：即先在病人內心萌生，在利用治療的機會轉移到醫生身上。移情作用可為熱烈的愛戀，也可為較緩和的方式：假使一為少婦，另一為老翁，她雖不想成為老翁的妻子或情婦，卻有想成為其愛女的願望——欲力的願望只要稍加改變，就可成為一種理想的柏拉圖式願望。有些人非常懂得如何昇華這種移情作用，有些人僅能以粗陋、原始，幾乎不可能的形式表現。但基本上來源都永遠相同，這是有目共睹的事實。

　　如思考這個現象的範圍，則有必要對另一點加以說明：男性病人是怎麼樣的一個情形？我們好像能夠期待他沒有受到吸引，但事實上卻與女性一樣。男性病人同樣傾慕於醫生、誇大醫生的能力、順從醫生的指示，並嫉妒與醫生有關的所有人。移情作用的昇華較常見於男人之間，至於直接的性愛關係則為數甚少；此外，醫生更常發現男性病人的另一種表現，乍看之下似乎與剛才的論述相反——敵對或否定的移情作用。

　　首先，我們必須清楚：移情作用在治療的開始，即在病人的內心萌生，成為最強大的動力。這種動力如果能使病人合作，有利於治療的進行，也沒有人會去特別關注它；反之，它一旦變成了阻撓，即非常引人注目。病人對於治療的態度之所以前後不一，乃是由於兩種與先前相反的心理：首先，愛

的吸引力變得太強大，且帶有性慾的意味，故不得不引起內心的反抗；其次，友愛之感變成了敵對之感。

一般而言，敵對情感常比友愛情感晚出現，且也以後者為掩飾；假如兩者同時出現，便可成為感情矛盾的極佳例子，這個矛盾情感支配著我們與他人最親密的關係。所以，友愛情感和敵對情感，同樣都表示一種依戀之感──正如服從和反抗，雖然截然相反，但都有賴他人的存在。病人對醫生的敵對心態，當然也可以視為移情作用，因為治療的情境沒有引起這種情感的原因；所以就此觀點來看，否定消極的移情作用，正足以證明積極的移情作用。

身為醫生，我們不可能服從於患者移情作用的所有要求，但亦不能不親切的處理這些要求，甚至氣憤地予以拒絕，如此更不合常理。我們所要做的是告訴患者：他的感情並非因現狀產生，且與醫生本人無關，只是重複出現很久以前發生在心中的事。設法以這種方法克服病人的移情作用，要他一再重述、一再回憶。如此，無論是愛慕還是敵對，原來在治療上的造成強大威脅的移情作用，此時反而成為最好的工具；而藉此工具的幫助，就得以打開病人感情生活中緊閉的心扉。

為了消除讀者因這種意外現象受到的震驚，在此必須作若干補充：我們絕不能忘記，這種分析工作無法終止在完美無缺的結果。病人的病況像生物一樣不斷地發展，並非開始治療後就會停止。在掌握病人的情況時，整個病況似乎都朝同一方面發展──也就是集中在患者和醫生的關係上。如拿樹木比喻移情作用，這種關係就如同夾在木質部與韌皮部之間，隨著新生組織逐漸粗大的形成層。當移情作用具有這項意義時，患者的回憶工作才變得沒有那麼重要。如此，我們的對象已不是患者先前的疾病，而轉變為一種新的精神官能症。

對這種以全新姿態出現的舊疾，我們必須從一開始就追蹤它，關注它的發展，而當我們本身成為追蹤對象的焦點後，就能更瞭解它。患者的症狀完全捨棄了原有的意義，而在轉移的關係中產生新的意義，只有那些能在原狀態下生存的徵候才會保留下來。讓患者克服這種新的人為性精神官能症，並

治癒先前的症狀，即是完成治療。即使沒有醫生，也能繼續正常的生活；患者和醫生的關係恢復正常，從抑制慾望的痛苦解脫。

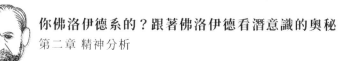
心理人格

按語：

> **佛洛伊德認為，人格的結構由三個部分組成，即「本我」、「自我」和「超我」，這三者是在意識、無意識的機制下，在心理發展關係中形成。「本我」、「自我」和「超我」三者相互交織，構成人格的整體。它們各自代表了人格的某一方面：本我是生物本能的我，自我是心理社會的我，超我是道德理想的我。它們各自追求不同的目標：本我追求快樂，自我追求現實，超我追求完美。當三者處於協調狀態時，人格呈現出健康狀態；但當三者關係錯亂時，就會產生心理或精神疾病。**

我想大家都明白，生活中不管是對人、對事的關係上，自己的出發點最為重要，此點在精神分析的相關事物上也是一樣。精神分析研究的是症狀，這些症狀不屬於自我，而在自我之外。而症狀由潛抑作用引發，彷彿是自我之前的代表，但被壓抑的卻是自我之外的陌生領域。這一從症狀到潛意識的路徑，引向本能的生命與性慾。

由此，精神分析遭到了最機敏的反對，即有人認為：人類並不只是充滿性慾的生物，他們也有更高尚的本能。也許有人還會以這些崇高本能的意識和知覺而意氣昂揚。然而這些人往往只是胡思亂想，並忽視事實。

我們已經知道，人類正陷入一種衝突，介於本能生活的主張與反對它的阻抗作用之間。同時，我們也絲毫不敢忘記這種正在發揮阻抗、反對及正在壓抑的事物，我們認為這些事物都擁有特殊的力量——自我本能，且它又與一般流行心理學的自我互相吻合。在觀照了科學工作促使進步努力的本質之後，真相是：精神分析無法同時探究所有領域，也無法一口氣對每一個問題提出觀點。但到了最後，終於集中於某一點，即：我們有可能將自身的注意力從被壓抑的事物轉向壓抑的力量，並以堅定的期望面對這一自我。它似乎相當清楚明白，並期望在此處，再度發現若干我們無法準備的事物。然而，要發現第一個探究方法並不容易，這正是本節要闡述的內容。

　　我必須讓你們知道我的懷疑，我對自我心理學的這種討論，與我以前對心理內在世界的介紹，大異其趣，但我無法十分肯定地說為什麼會這樣。我認為你們會發現，從前我所講的不論多麼奇異、陌生，大多都是事實；但現在我要說的，主要是意見，換句話說，只是玄想而已，不過這並沒有抓住重點。在進一步考察之後，我們必須主張：我們對自我心理學實際材料的思考工作，並不比精神官能症的心理學更多。我曾經不得不拒斥其他說明，以達到我們期望的結果，而我現在相信：它毋疑是一個關於材料本身性質的問題，也是我們不善處理的問題。無論如何，如果你們顯示出自己的判斷，比我到目前為止的判斷更加謹慎，我也一點都不會感到驚訝。

　　我們也許可以期望，在探究之初發現自己置身的情境，能為我們指出一條道路。我們希望自我能成為研究對象，即以我們自己的自我為對象。但這是否有可能？畢竟，在本質上自我乃是一個主體，它如何能成為一個客體對象？

　　毋庸置疑，自我可以使本身化為一個客體對象，也能把自己當作其他的對象，可以觀察自己、批判自己，並且做只有上帝知曉的一切關於自身的事。在這一點上，自我的一部分凌駕了其他部分。因此，在若干功能上自我可以一分為二，在後來也能再次合併。這並不完全是一種虛構幻想，雖然它可能過分注重我們所知的部分。我們對下列情形都十分熟悉：由於病理現象擴大、粗糙事物，因而引起我們注意的正常情境；但此情境若在另一情況下，則會被我們忽略。

　　病理學顯示出一種龜裂、分裂的狀況時，一般不至於完全碎裂，而會有微乎其微的連接；就像我們在地上用力丟擲一個晶體，它雖四分五裂，卻不至於碎成細末，而是依照其割痕裂成碎片，即使看不見其中的紋理，但碎裂形狀確實是依晶體結構所決定。病人也是依照這種方式分裂，我們甚至無法完全否定古代某些人對精神錯亂者的虔誠敬畏。患者脫離了外在現實，但也是基於這理由，他們洞悉了更多內在、心理的現實，並且能向我們揭露某些無法把握的事實。

　　我們把其中一種病人，描述為擁有被監視的妄想。他們不停地抱怨說自己的一舉一動，甚至連最隱私的親密行為，皆被一種不可知的力量——這些力量乃是假想的人物——所觀察，而受到極大困擾；而且在他們的幻覺中，還會聽到假想人物報告他們的觀察結果：「他現在正在說這句話」、「他現在正在換衣服準備出門」等等。這類觀察注視雖尚未達到迫害的程度，但也距其不遠了；這類觀察注視假定別人不信賴自己，期望抓住自己，因為自己的行為違反了禁忌，所以必須受到懲罰。

　　假使這些精神不正常的人是正確無誤的，即我們每個人內心的自我中，皆有類似的東西存在，隨時隨地觀察著我們，並威脅要實施處罰；又假使存在於那些人內心的東西，實際上是從自我中分離出來的清晰幻覺，只是被誤置於外在現實裡，又將會如何？

　　我無法明確的說，相同的事情是否會發生在你我身上。自從受到這個臨床病例強烈的影響後，我形成了一個觀念，即把那負責監視的東西，與自我分離，這種分離可能是自我構造的通常面目。這個觀念始終盤旋於我腦海裡，我也忍不住去探究那些分離事物的進一步特性及關聯。

　　我很快的採取行動，進行下一步。那被觀察的妄想內容早已提示我，這種監視只不過是在準備將來的審判與懲罰，於是自然而然的猜測：這種監視的另一功能，必然是我們所謂的良心。顯而易見的，世上再沒有比我們的良心，能更規律地與自我分開，並能輕而易舉地反對自我。我心中想做某些能使自己快樂的事情，但卻由於良心的不允許而放棄；或者，我放任自己接受快樂期望的強烈引誘，而去做一些良心反對的事情，等到做完以後，我卻遭受到良心痛苦的折磨，使我深感悔恨。我也許能單純地表示，我意圖在自我中區分出來的特殊東西，就是良心。但把這東西當做獨立的事物，並假定良心是其中一個功能，反而比較謹慎；至於觀察自我，則是它的其他功能，是良心審判的前奏曲。而每當我們發現某些事物能單獨存在，就會賦予它名字，因此從這時開始，我要把自我內的這一東西，命名為「超我」。

　　我們很少有機會能更深入理解超我的觀念。超我享有若干程度的自主性，依照自身的意向行動，能量供應也獨立於自我。我們不熟悉的是引起我們注

意的臨床圖像，這個圖像非常清晰的闡明超我的嚴厲及殘酷，以及它與自我的變化關係。我心中想到的是憂鬱症的情境，更正確的說，是憂鬱情緒發作的情境。縱使不是精神科醫生，也對憂鬱症耳熟能詳。這個疾病最驚人的面目，乃是超我——也許會輕聲稱呼它為「良心」——對待自我的方式，至於它的原因及機轉，我們所知甚少。雖然憂鬱症病人與普通人一樣，在健康狀態時能顯示出或多或少的嚴厲態度，但在憂鬱情緒發作期間，患者的超我變得更加嚴酷。

超我欺負、玩弄那可憐的自我，侮辱並虐待它，以最可怕的處罰威脅，責備自我久遠前的某些行為——超我過去對此行為只是一笑置之，如今看來它是在這段期間努力收集責難，並等待時機，以便在力量最強大時爆發出來；同時也輕視自我的基礎；超我把最嚴厲的道德標準加諸於自我身上，自我在其淫威之下實在極其可憐。一般而言，超我代表著道德的化身，同時我們會立刻明白：道德上的罪惡感，乃是自我與超我之間緊張的表現。

道德一般被假定為上帝的賜予，因而深深植根於人們內心。故若把病人身上的道德感，看做是一種週期性的現象，確實是一種驚人的經驗；因為病人於若干月後，所有的道德熱誠消失無蹤，超我也沉默不語，自我重建，再度享受一般人享有的權利，直到下一次發作為止。在某些疾病形式中，確實在兩個週期之間發生了對立的情況：自我處於中邪般的快樂狀態，慶祝自己的勝利，彷彿超我喪失了其所有力量，或融入了自我中；而這個自由、興奮激昂的自我，正使自己沉溺於毫無限制的滿足中——就在這裡，充滿了各種無法解決的謎題！

你肯定會期望我詳細地敘述，而不只是給一個描述。關於超我的形成，亦即關於良心的起源，我們已有了許多的發現。康德常把內在的良心，與天上的繁星相提並論、對照比擬；一個信仰虔誠的人，也同樣會忍不住將良心與繁星，讚美為上帝的傑作。蒼穹的星辰確實偉大壯觀，至於良心，上帝卻作了一件不公平、且馬虎的工作，因為大部分人的心裡只有最微弱的良心，或者稀少得根本不值一提。我們在主張良心是神賜予的時候，並沒有忽視這一主張所蘊含的心理真相，但這一論點仍需要加以詮釋。

縱然良心是屬於「內在」的東西，但它並非是人與生俱來——在這方面，它正與性慾生活對立。性慾於人生之初即已存在，而非後來才發展；人盡皆知，幼兒是非道德的，而在追求快樂的本能上，並沒有內在的抑阻功能。而後來超我的抑制功能，乃是由外在力量塑造，如：父母的權威。父母的影響力，常藉愛的理由，並以處罰去威脅、控制孩子。孩子害怕因為自己的行為而失去愛，這種現實的焦慮不安，為日後的道德性焦慮不安埋下伏筆。而如果父母持續控制，就沒有必要談及超我及良心；唯有正常成長的孩子，才會發展了第二階段的情境（我們皆未加仔細考慮，就過早把它當做正常的情境），這時外在的限制被內在化了，超我取代了父母的職位，並觀察監視、指導及威脅自我，正如早年父母對待孩子的方式。

　　然而，那攫取權力、功能，甚至父母職位的超我，事實上也是身體的合法繼承人。超我直接由自我衍生，而我們現在已略知它的運作模式。我們必須先討論父母與超我的差異：超我似乎只有片面的繼承，它只拾取了父母的嚴格管教態度、禁規及處罰功能，卻沒有父母的愛心關懷。假使父母曾經嚴厲、強制的表現其權威，我們很容易能推測出，孩子也會發展出嚴厲的超我；但事實卻與我們的推測背道而馳。經驗表明：縱使父母溫和慈愛的撫育孩子，且盡可能的避免威脅及處罰，超我仍有殘忍嚴酷的特徵。我將於討論超我形成期間的本能轉形作用時，再辨析這一矛盾性。

　　之所以無法如我所願的，詳述父母關係變成超我的轉形作用，一方面是這一過程非常錯綜複雜，若再往深處挖掘，勢必造成更多的思維混亂；另一方面，是我們也無法確認已然透徹的瞭解超我。

　　超我轉型的基礎，乃是所謂的「認同作用」——換言之，一個自我吸收了另一個自我，亦即第一個自我模仿第二個自我的行為，並在某種意義上把第二個自我當作自身的結果。曾經有人做了個十分恰當地比喻：將認同作用比作食人族吞食、消化掉人的情形。認同作用是感情依戀他人的重要形式，且很可能是生命中第一個依戀形式，這又與選擇對象大不相同，兩者之間的差異，可以用以下的例子表示：假若一個男孩認同父親，他就會希望自己的一切皆像父親；假如他選擇父親為對象，他就會希望擁有、占有父親。

　　在第一種情形下，男孩的自我以父親為模範，並隨之改變；在第二種情況下，這點即不必要。認同作用與對象選擇，在許多方面彼此獨立；然而，認同作用卻可能使他與某些人——例如那些他當作性對象的人，引以為模範而改變自我。有人說，自我被性對象的影響，往往發生於女人身上，是女性的特徵。在我多年前的著作裡（譯註：參閱《自我與超我》（一九二三年）），早已說過：認同作用與對象抉擇間，最富教誨性的關係，不管在孩童及成人身上，或是正常人與病人身上，皆能輕易地觀察到。假如一個人喪失了依戀對象，或是被迫放棄對象，他往往會使自己認同對象，並於個人的自我內重建，以補償自己——即對象選擇退化成了認同作用。

　　我對於自己關於認同作用的見解，其實一點也不滿意；但假如你們可以接受我把超我描述為「對父母職位之認同作用的成功實例」，也充分足夠了。認同作用是決定性地判斷關鍵，是自我內新形成的優勢事物，它與伊底帕斯情結的關係最為密切，因為超我成為感情依戀作用的繼承人，而這感情依戀對孩童非常重要。一個小孩若放棄了弒父戀母情結，他必須放棄從前將父母作為對象的強烈感情依附，同時由於對象的喪失，形成補償作用，最後劇烈變化成對父母的認同作用——這種認同作用，可能長久以來就存在於他的自我中。這種作為放棄對象感情依附的沉澱物，在孩童時代晚期往往會重複出現，不過它會完全依照這首次的轉形作用。

　　仔細探究後可以看出：超我在成長過程中，假使沒有成功地克服弒父戀母情結，就會因遭到阻礙而萎縮。在發展中，超我也接受了那些取代父母地位的人——教育家、老師，一些能作為理想模範之人。在正常情況下，超我逐漸遠離原始的父母形象；不妨說，它成為更加非人格的存在。我們也不能忘記：在人生的不同階段，孩子對父母的評價也不同。在弒父戀母情結被超我取代時，父母是相當偉大的；但後來父母喪失了些許光彩後，孩子就對父母產生了認同作用，而這種認同作用對人格的形成，貢獻重大。但此時，認同作用影響的是自我，而非超我——因為超我早已被最早年時期的父母形象所決定。

　　我希望你們的腦海裡已形成一個印象，即超我的假說。其實，我們只是將超我描述為一種人格化的結構關係，而非對抽象的良心人格化。我們尚需要再提到超我的一種功能：超我是自我理想的推動者。憑藉這一理想，自我衡量自身，設法實現超我追求的完美；而毋庸置疑，這一自我理想乃是從前殘留的父母印象，是孩童賦予父母的完美形象，並加以讚賞的表現。

　　我們已知超我有自我觀察、良心與維護理想的功能。隨著我們將要談到的來源問題，產生的是超我預設了一個非常重要的生物學事實與心理事實：即兒童時對其父母的長久依賴，與弒父戀母情結，兩者再度密切的交互關聯。超我表的是道德禁律、對追求完美的維護——簡言之，超我正如心理上能把握的，人類生活的更高層次。由於超我本身可回溯至父母、教育者等人的影響，因此若轉向那些來源，便可以更加明白超我的重要性。

　　一般而言，父母會依據自身的超我觀點教養孩子，無論父母是否瞭解自己的自我，也能瞭解自己的超我，而父母總是嚴正而一絲不苟的教育孩子；父母已忘記自己童年時代的艱苦困境，而他們現在也完全認同自己的父母——這些父母昔日也曾對他們非常嚴厲。故孩童的超我，事實上並不是以父母為模範，而是以父母的超我為藍本。且其中包含的內容是一樣的，它成為超越時間、永恆價值判斷的傳承者，並以此方式代代流傳。

　　你們也許會輕易地猜測：如仔細考慮超我，方能更透徹得理解人類的社會行為——例如少年犯罪的問題、教育方面的實際影響。一般人認為罪惡的歷史唯物論，很有可能就是因為低估了超我的因素；他們對超我不屑一顧，而宣稱人類的「意識形態」，只不過是人們當代經濟條件下的產物。這點固然有理，但很有可能不是全部真理。人類並非僅僅生存於目前的時刻，歷史、種族、人民的傳統，也存在於超我的意識形態中，只是變化的相當緩慢；而一旦超我運作這些古老的沉澱，就會對人類生活上產生強而有力的影響，而獨立於經濟條件之外。

　　我在一九二一年關於群體心理學的探究上，曾努力鑽研超我和自我之間的差異。我獲得如下公式：一個心理群體乃是若干個人的集合，這些個體把相同的人，吸收進自己的超我中，並根據這一共同成分，使他們彼此互相認

同自我；當然，這點也只適用於有一個領導者的團體。假如我們能常常應用超我的情境，超我理論對我們而言，就不會再陌生，也不再會感到難堪——在我們轉向更高層次的心理機制時，由於習慣了潛在世界的氛圍，因而會感到難堪。而我們並非假定，超我脫離出自我，即是對自我心理學的最後見解；反之，這毋疑是一個起步，不過在這例子中，艱難的不僅僅是起步。

現在有一個問題正等著我們——且在與自我相反的另一端上。它是藉著精神分析的觀察，透過這個相當古老的觀察展現給我們。因為它時常發生，故要瞭解、欣賞其重要性，也需要很長久的時間。

正如你們所熟知的：精神分析的全部理論，是基於透視病人的阻抗作用——阻抗作用的產生，乃是因為我們意圖使病人的潛意識進入意識。阻抗作用的客觀徵象，乃是病人的聯想失敗，或者和正討論的主題相去甚遠，他也許亦會在主觀上承認阻抗作用，因此他在探究時會有不快的感覺。

於是我們向病人表示：我們從他的行為獲知，他現在正處於阻抗的狀態。他回答道：他對此一無所知，只知道聯想已越來越困難了。最後結果是我們正確無誤，不過在這種情形下，他的阻抗作用也正如我們所壓抑的一樣，屬於潛意識，而我們正努力將此潛意識提升至意識裡。從很早以前我們就應該提出這一問題：從病人心靈的哪一部分，會產生這種潛意識的阻抗作用？初學精神分析的人，可能會不加考慮的回答：當然，它是對潛意識的阻抗作用。這真是一個曖昧不明又不完全的答案！

假如這表示阻抗作用，是從潛抑作用產生的，我們一定會回答說：絕非如此！我們反而會認為：潛抑作用是一股強大的向上驅力，是能突破進入意識的衝動力量。阻抗作用只能夠屬於自我的表現，原意是推動潛抑作用，現在卻希望它維持不動。這是我們所一直採取的觀點。由於我們假設自我中超我的存在，代表著一切禁律與拒斥的特性，因此我們不妨說：潛抑作用乃是超我的工作，而且它不是為了自身實施，也不是為了使自我服從秩序；若如此，在我們進行精神分析時，遇見病人未覺察的阻抗作用，表示若非在十分重要的情境中，超我及自我可以潛意識地運作，不然就是——這甚至更為重要——這兩者（即自我與超我本身）之若干部分皆屬於潛意識。在這兩種情

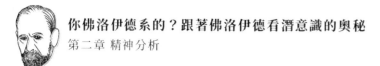

形中，我們必須考慮一下，一些他人不贊同的發現，即一方面是自我及意識，另一方面是被壓抑的自我及潛意識，彼此完全不相符合。

在面對各種質疑，如自我與超我本身，究竟是屬於潛意識，或只是產生潛意識的效果時，我們能基於很好的理由，判斷兩者屬於潛意識的可能性——且情形確實如此。大部分的自我及超我，不但能屬於潛意識，並且是屬於正常的潛意識；換言之，個人對這些內容一無所知，若要使它們成為意識，則需要花費很大的努力。自我與意識、被壓抑的自我與潛意識，兩邊並不吻合誠然是個事實。我覺得有必要修正對意識——潛意識問題的基本態度：我們不得不盡力降低將意識當作標準的重要性，因為它顯得令人難以信任；但如此一來對意識顯然不公平。正如我們表示，自己的生命雖然沒有多大的價值，但卻是我們的一切；而假如缺少了意識性質的照明，我們就會迷失於深層心理的迷霧裡了，但我們仍須設法發現一些新的方向。

我們並不需要再討論所謂的意識，因為它清晰可見。「潛意識」這名詞的最古老及最佳的意義，是描述性的，我們把一種心理歷程稱為潛意識，乃因我們不得不肯定它的存在——由於我們從其作用獲得的線索——但我們對它卻一無所知。在這種情形之下，我們與潛意識的關係，正如我們與別人的心理歷程一樣，除了潛意識屬於我們自己這點之外。我們之所以稱呼它為潛意識，乃因為我們不得不假定它某個時間點正在運作，雖然我們對那個時間點無所知。這一特性使我們回想起：大部分的意識歷程只有在極短時間內才是意識的，它們很快的就會成為「潛在的」，卻又能輕易地再度成為意識。

我們也可以說：假如能確定潛伏狀態下，它們仍然屬於心理，那麼它們就成為潛意識。目前為止，我們尚未得到任何新穎的東西，我們也沒有特權，能把潛意識的概念引入心理學；然後就有了新的發現：亦即我們早已能夠同時進行，並行不悖。

舉例而言，為了說明語誤現象，我們不得不假定，作一特殊主張的意圖，存在於說話者內心，而我們從他主張發生的干擾作用，確切地獲得這意向；但這個意向並沒有因為經過潛意識，而因此成為潛意識。假如我們接著把這個意向放在說話者面前，他立即會十分熟悉的認出，對他而言只是暫時未覺

知而已；不過，假如他拒斥這個意向，視它為陌生的念頭，那麼它永遠屬於潛意識。從這一經驗中我們獲得了，把曾經描述為潛在的東西，宣稱為潛意識的權利。對這些動力關係的考察，使我們能區分兩種潛意識——第一種，在經常發生的情境下，才能輕易地轉化為意識；第二種則難已完成轉化，且只有在經過相當的努力後才可能發生，或根本不會發生。

為了避免如下的曖昧不明情況：即我們到底是在表示這一潛意識或另一潛意識，我們到底是以描述性的意義，或動力性的意義來運用這個名詞，不妨利用一種被允許的且簡單的方式來解決。我們把那潛在的、容易變成意識的潛意識，稱為「前意識」，而把「潛意識」保留給另外的一種。於是我們現在有了三個名詞，「意識」、「前意識」及「潛意識」，我們用這些名詞來描述心理現象。再說一次：前意識是最具純粹描述意義的潛意識，不過我們並不以此稱呼它，只有在我們隨口而談，或者擁護心理生活中一般潛意識歷程時才如此。

我希望你們能接受，我的見解到目前為止還不算太拙劣，並且能方便的採用；但非常不幸的，我們發現從事精神分析的研究時，不得不以另外的第三種意義，來運用「潛意識」這名詞；但我們也必須明白，如此可能造成混淆不清。潛意識是心理生活中一個廣大而重要的領域，但它在正常狀態下並不為自我所覺知，因此其中發生的歷程，必須被視為真正動力意義，於是我們也必須以一種形態區域性、系統性的意義來理解「潛意識」。我們必須提到一種前意識「體系」，以及潛意識「體系」，提到自我及潛意識體系間的衝突，並且必須將這名詞用來指一種精神的領域，而非心理的性質。對自我與超我的若干部分，也同樣是動態意義下潛意識的發現，事實上是不合宜的發現，它使某些併發症可能消除。我們明白，我們沒有權力把那外在於自我的心理領域，稱為「潛意識體系」，因為潛意識的特徵，並非只局限於此。我們不再使用體系意義下的「潛意識」這名詞，同時我們要對目前為止描述的，給予一個不會引起任何誤解的名詞。依照大哲學家尼采的詞彙、名醫葛羅狄克一九二三年採用的辭，我們將稱其為「本我」。這非人格性的名詞，似乎特別適合表達這一心靈領域的主要特徵——即外在於自我的事實。超我，

自我及本我——於是成為三個領域，把個人的心理分成三層次，而我們將在下文，討論三者之交互關係。

且讓我們作個簡短補充：我懷疑你們會因為意識特徵的三種性質，沒有與心理的三個領域結合，成為三個和平相處的同伴，而感到失望；同時你們可能會認為，如此會使我們的發現混淆不清。然而，我並不感到後悔，同時該告訴自己：我們並沒有權利能期望這種平穩安逸的安排。且讓我舉一個比喻給你們看：

想像一個景色優美，地形多樣的國家——山脈連綿，平原遼闊，湖泊縱橫，並且人口雜多，它的居民有德國人、匈牙利人、捷克人，而且從事各種不同的工作。現在這些人的分布情形如下：牧養牛羊的德國人，住在高原山脈上；種植五穀及釀酒的匈牙利人，住在平原上；捕魚及編織蘆葦的捷克人，住在湖邊。假如可以如此的界限分明的分配，則威爾遜（美國總統，民族自決之標榜者）必將欣喜萬分，這也將非常適合於地理課上分享。

然而，很有可能的卻是：假如你們在這個國度旅行，將會發現秩序雜亂、更多的混合。匈牙利人及捷克人一起混雜生活；在高原山脈間，也有耕地存在，牛羊也在平原牧養。當然有少數情形符合原本的期望，因為無法在山上捕魚，而葡萄也不會長在水裡。事實上，你們若有這個國家的相片，照片上大抵皆合乎事實；但你們必須忍受那細節上的差異。

關於本我一些新的事實，除了其新名詞外，也不必期望我能詳述多少。它乃是我們人格中黑暗、不可把握的部分。對所知甚少的本我，我們可以透過研究夢的運作、探究精神官能症症狀形成瞭解一些，且其大部分是否定的性質，只是自我的對立物。試以比喻來瞭解本我：

我們稱它為一種混亂、充滿沸騰的興奮大鍋。本我是深受身體影響，在身體上把本能的需要一網打盡，並在其中發現心理的表現，但我們無法說明它究竟是在那種基體中表現；本我充滿了能量活力，從本能中獲得能量，但它沒有組織，產生不了任何集體意志，只是臣屬於快樂原則帶來的滿足；邏輯也不適用於本我，而這點超越了所有矛盾律的真理。相反、矛盾的本能彼此並行不悖，不會彼此減弱，最多也只會在支配性的經濟壓力下集合在一起，

透過發洩能量獲得妥協。在本我之中，沒有任何事物能與否定作用相提並論；同時我們十分驚訝地發現，主張空間與時間，乃是心理行為的必要哲學理論，在此卻有了例外（這一哲學理論，乃由康德所提出）。

在本我之中，沒有與時間觀念對應的東西，本我對時間消逝沒有認知，這也是在哲學思想中最驚人，需要再加以思考的——在本我的心理歷程中，並沒有因時間的消逝而產生任何變化。那從未超過本我的慾望本能，與由於潛抑作用而進入本我內的印象，兩者幾乎是不朽的。即使經過若干年後，它們的行為也彷彿剛剛才發生，且只能夠被認知為屬於過去，只能夠喪失其重要性，並且被剝奪了能量的感情依附作用——當它們由於精神分析而進入意識知覺時——此點是精神分析治療效果的關鍵。

我一再有一印象：我們太少理論性地應用已建立的事實，即被壓抑的東西不隨時間而改變，也就是說它是不可改變的。這點似乎提供了探究最深刻發現的方法；但十分不幸，我本身對此也沒有任何進展。

本我當然不懂任何價值的判斷：非善非惡、無道德性。那經濟的因素，或者如你們所願稱呼的數量因素，乃與快樂原則有密切的關聯，而且支配了其所有歷程。本能的感情依附，在於尋常發洩——依我們的觀點，這是本我內的一切，甚至這些本能衝動的能量活力，似乎是與心靈其他領域不同的狀態，更加活潑好動、更能夠發洩，否則取代作用及凝縮作用，就不會發生了，而這兩者乃是本我的特徵，同時它完全不考慮那被依附的東西，即在自我中的觀念。我們對這些事情，應該有更深入的瞭解——自然，我們除了必須把本我的特徵，將它歸納為潛意識，也應承認本我有其他特徵；同時也能認出，自我與超我的部分，可以為潛意識的可能性。

我們最好透過檢視自我與心理裝備最外在的表面部分——知覺意識體系——的關係，瞭解實際自我的特性，區分它與本我及、超我。知覺體系傾向外在世界，由此產生的知覺媒介，並在運作期間引發意識；知覺體系是全部有機體的感覺器官，它不只接受外在的刺激，也能接受心靈內的刺激。我們不需要尋求這觀點，就能把自我當作本我的部分，它修正了外在世界的影響，它接受刺激，並防止刺激。

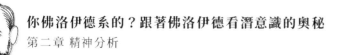

　　與外在世界的關係，對自我而言是決定性的因素；自我將外在世界呈現給本我——這對本我是幸運的，本我若在追求本能滿足的盲目努力中，忽視了優勢強大的外在力量，必然會毀滅。自我必須觀察外在世界，而在知覺的記憶痕跡內忠實地描繪出正確的圖像，並且藉著「現實測驗」，擱置任何內在刺激興奮來源的衍生物。自我在本我的命令下，控制了自動性的通路，自我以思想活動，產生一種遲延現象。自我以此方式，廢棄了快樂原則，並以現實原則取代，這現實原則承諾的是更多的確定性及更大的成功。

　　自我與時間的關係相當難以描述，也是一種知覺體系，而我們幾乎不懷疑——該體系的運作方式造成了時間觀念。但是區分自我與本我的，乃是一種內容中的綜合傾向——在心靈歷程中融合的傾向，而本我完全缺乏這種傾向。當我們開始處理心理生活的本能時，我希望我們能夠成功地回溯自我的基本特性。它獨立產生了高程度的組織，而這組織是自我為了達成最佳的成就所需要的。自我從知覺行為中，發展了控制本能，但是這最後的一點，唯有憑藉本能的心理代表才能達到，而這本能由於被放在一貫的脈絡中，得以分配於適當的地方。姑且採用一種通俗的說法：自我代表理性及善良意志，本我則代表未馴服、無拘束的熱情。

　　目前為止，我們已對自我的優點及能力，有了深刻的印象。現在來討論它的另一面，畢竟自我只是本我的一部分，一個因應外在接近的危險，適當修正後的部分。從動力學的觀點來看，自我軟弱無力，它從本我中獲得能量，我們也並不是對這方法——不妨稱為巧計——毫無概念。藉著這一巧計，自我從本我中汲取更大的能量，例如：自身與放棄的對象互相認同。對象感情的依附作用，乃從本我的本能要求中萌生。自我一開始就注意到它們，然而由於它認同的對象，遂取代了本我的對象，而把自己推舉給本我，並設法轉移本我的欲力於自己身上。

　　我們早已看到，在自我的生命過程中，自我獲得了從前對象感情依附作用下大量殘滓。自我必須實現本我的意向，藉發現使這些意向得到最佳成就的情境，而實現工作。自我與本我的關係，猶如一個騎馬的騎士。馬提供了動力，而騎士則有權力決定方向；但自我與本我之間，常常產生顯而易見、

非屬理想的情境，亦即騎士反被馬牽引，被迫依隨馬的意志奔馳不同方向。此比喻似曾相識，甚至本節內容皆很熟悉，因為本節乃是補充我十幾年前，所述的精神分析入門方面的問題。（譯註：即前面第一章所述「本我、自我和超我」的內容。）

在本我中的一部分裡，自我由於潛抑作用產生的阻抗作用，使自身與本我分離；但潛抑作用並沒有移入本我內，被壓抑的事物，只是融入本我的殘餘部分。

我們常引以為戒一句成語：即「不要同時服侍兩個主人」。可憐的自我甚至遭遇了比這更糟糕的事：自我服侍這些嚴屬的主人，盡可能的調和兩者的命令。然而這些命令五花八門，並且往往不相關聯、格格不入，難怪自我的工作往往失敗。自我的三個專制主人就是外在世界、超我與本我。我們依循自我的努力，逐一滿足它們——不如說，逐一服從它們時，我們並不會因為把自我人格化，並且將它當作獨立的有機體，而感到後悔。自我三面受敵，而如果難以壓制這些危險，它就會反應出焦慮不安。

由於自我起源於知覺系統的經驗，遂被烙上記號，成為外在世界要求的代表；但它也盡心成為本我的忠實僕人，並與它保持良好關係，盡力使自己適應，成為本我的客體對象，並吸引欲力。在自我設法聯繫本我與現實的意圖時，往往不得不以自身的前意識的合理化作用，來掩飾本我的潛意識命令，遮掩本我與現實間的衝突，甚至在本我冥頑不靈、頑抗到底時亦然。另一方面，自我觀察嚴屬的超我採取的每一步驟，它行為的明確標準，且毫不考慮本我及外在世界的各種困難；而自我一旦未能達到超我的標準時，超我就以強烈的自卑感及罪惡感處罰自我。於是自我為本我推動，受超我限制，又被現實拒斥，企圖協調各種力量。同時我們可以瞭解，何以人們往往無法壓抑一種吶喊：「人生真是艱辛！」假如自我不得不承認自己的軟弱無力，它就會崩潰、焦慮不安——和外在世界有關的現實性焦慮、和超我有關的道德焦慮、與本我強烈熱情有關的精神官能症焦慮。

正如我前文所述的，我願意以現在展現的簡單圖案，表示心理人格的結構關係：

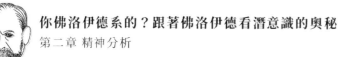
正如你們由此圖所看見的，超我混入本我中，確實不錯。超我作為伊底帕斯情結的繼承人，與本我有十分密切的關係。超我與知覺體系的距離，要比自我與知覺體系的距離更為遙遠。而本我唯有經由自我，才能與外在世界溝通——至少，依據這一圖表所示乃是如此。現在要說明這一圖表有多高的正確率，確實相當困難。而在某一方面，毫無疑問它並不正確，那為潛意識本我所占有的空間，應當比自我或前意識所占有的空間更為廣大、且無可比擬。

在結束這些見解之前，尚有一正確無誤，但也許並不十分明晰的警告：

在把人格區分為自我、超我及本我三種構造時，當不致於像描繪政治地理學的人工地圖般，描繪得界限分明。我們無法把心靈的特徵，描繪得如原始人的圖畫般線條分明的，反而只能以像現代藝術般，以各種顏色的混合交融來代表。在完成這一區分後，必須允許這些被分開的東西再度混合，針對一張如心理歷程這樣抽象的東西的圖表，而對此也絕不能苛刻地批判。

這些區塊的發展，非常有可能隨個人的差異而有不同。在實際過程中，它們可能會經歷一種短暫的退化狀態。尤其就系統發生學而言，這些區塊中最微妙的情形——自我與超我之間的分化中，確實會發生這類的事情。我們也很容易能想像，實際上某些神祕行為，也許可以成功地推翻心靈間不同領域的正常關係，舉例來說：知覺也許能夠把握自我深層發生的事，以及在其他時候不能把握的本我內發生的事；然而，我們完全可以懷疑，這一道路是否能指引我們走向終極的真理，而我們能因此真理得到救贖？

無論如何，我們可以承認：精神分析的治療努力，也是選取同樣的探究方式。事實上，其目的是要加強本我的力量，使它更獨立於超我之外，擴大它的知覺領域、增大它的組織，如此才能獲得本我新穎的部分。本我在何處，自我就在那裡。這是文化的事業——有點像開築蘇伊德海（荷蘭西北之海灣）的海浦新生地。

第三章 性愛密碼

　　佛洛伊德關於「性」的概念，是一個集中生理學、解剖學、心理學、病理學知識的綜合理論體系，其中性的基礎，就是性器官和全身各器官，在特殊條件下產生的特殊反應。佛洛伊德指出：動物的雌雄互變是廣泛存在的，且其心理性徵也會隨著肉體性徵而變異。他在〈性變態〉中說：「我們把性動力從其他心理性力量中區分出來，意在表達這樣的假設：有機體的性過程是經由特殊的化學變化過程，演變成營養歷程；性興奮不僅來自所謂的性部位，而且來自全身各器官。」他認為：「性觀念的發展是兩方面的。第一，性一直被認為與生殖器有很密切的關係，現在則把它們區分開來，並視『性』為一種包羅更廣內容的生理機能，它以獲得快感為終極目標，生殖不過是它的次要目的；第二，性衝動包括所有可以用『愛』這個籠統字眼來形容的念頭，哪怕只是親暱、友善的衝動……這些引申所表達的，是糾正過去常常引導人們犯錯的觀念和局限性。」佛洛伊德關於性的理論，在他整個精神分析體系中居於關鍵地位。

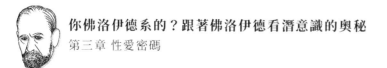
人類的性生活

按語：

佛洛伊德的理論著力描繪「性」這一內涵鮮明清晰的輪廓，其間用強烈的字眼試圖說明與傳統意義的不同。佛洛伊德的認為，當時的性學研究始終沒有深入到性學的本質。「性」通常被認為只與性行為有關，確切地說只是兩性之間相互取得快感的行為；但佛洛伊德認為，「性」應該有更寬泛的意義，其目的不僅包含兩性間生殖器官的快感或生殖，更應該包含所有富於感情的、友好的衝動，換言之——「性」存在所有愛與被愛的行為。

「性」這一詞究竟有何涵義，並非輕易就能嚴格定義。如果說：只有和兩性差別相關的事才能定義「性」，也未免太過空泛且不確定。假如以性行為為中心點，也許便會以為，「性」的意思就是指生殖器的接觸和完成性動作，未免太狹義，而且這定義幾乎把「性」和「不正當的」、「醜穢的」等閒視之，且完全忽略生產；又假如把生產當作性生活的根本意義，那麼就不得不把自慰，乃至接吻等事，都拒於「性」的定義之外，而自慰、接吻雖不以生產為終點，仍屬於性的一部分，這點毋庸置疑。

我們早知道，若非要對「性」加以界定，必定遭遇困難；故在此就先放棄這一企圖，可以說：「性」無完善的定義可言。但籠統地說，大家又都十分清楚「性」一詞的涵義。

根據普通的見識：「性」，意即兩性的差別、快感和滿足、生殖的功能、醜穢而必須隱藏的觀念等。這一見解雖仍適用於一般生活上，但在科學上卻不然。根據對人類性生活的研究，可以發現有些人的性生活異於常人。這些人可以稱為「性心理變態者」，他們中一部分人，生活中似乎不會特區兩性的行為，他們的性對象全然是同性，對異性從來沒有性慾望，而表現出冷漠，甚至產生性厭惡。這些人可以稱為「同性戀」者，他們在心理發展上，無論理智的、倫理的，多半有極高的標準，卻只因為此，讓人略感缺陷，科學家稱他們為「第三性」。

這些性心理變態者，與常人一樣，能因情慾的對象達到目的；但他們之中有許多變態的類型，其所有的性活動與常人相去甚遠，我們可以將這些人分為兩類：

一、其「性的對象」已經改變，如同性戀者。

這一類人不願意作生殖器的接合，而以對方的其他器官或身體代替，在我們看來也許不能理解，但他們卻覺得無礙；另外有些人雖以生殖器為對象，但並不因為它們的性機能，而是因為其在解剖上相似、或功能相近。對他們來說，連排泄的功能也能引起他們性的興趣，而排泄功能在孩童時期，就已被視為汙穢、不雅而避之唯恐不及；還有些人則不再以生殖器為對象，而以身體的其他部分，如女性的乳房、手腳或毛髮等；更有甚者對身體也毫無興趣，反而是一件衣服、單只鞋或一件襯衫滿足情慾，這些人被稱為「戀物症者」；還有些人也有性對象，然而他們卻用一種十分怪異、恐怖的方式——如因為不能抵抗死屍，再由於被犯罪的強迫觀念推動，而去殺人滿足性慾，對此我們就不再多言。

二、其「性的目的」已經改變。

這一類人性慾的目的，是常人所做的一些性預備動作。如有些人透過觀看、撫摸、窺探對方的祕密行動，從中獲得性慾的滿足；或暴露不該隨便赤裸的部分，模糊地希望對方也報以類似的動作；還有一些人喜好虐待，以痛苦和刑罰加諸對方，輕則使對方屈服，重則使對方受重傷、流血。而與之相對應的，就是被虐待狂，他們只是希望臣服於對方，嚴重一些的，則希望被懲罰；還有些人，兼有這兩種病態現象。

除了以上這一些，我們還知道，這兩大類性心理變態者可分為兩種：第一種，需要特殊實際的方式獲得性慾滿足；第二種，僅在想像中求滿足，幻想出性對象，性對象不必真實存在。

毫無疑問，這些瘋狂、怪異、駭人聽聞的活動，的確是這些人性生活的特質，而且這些活動在他們生活中的地位，正如正常的性慾滿足在我們生活中的地位一樣，甚至更為重要。

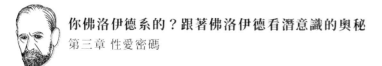

　　對於人類性生活中此種性行為的存在，以及其與正常性生活的關係，我們該如何在理論上圓滿地解釋？

　　為了合理地解釋，我們可佐以一個觀點與兩種新證據。這個觀點應歸功於布洛赫，依他看來「一切性變態都是退化的象徵」之說並不可靠，因為有兩種事實使我們無法將性病態視為退化：其一，性病態是一種常見的現象，它往往出現在文明發展頂峰期的人群中，人們或許會說它具有重要的功能；其二，性病態在原始人、野蠻人中極為普遍，而退化概念僅適用於高度文明，即使在歐洲人當中，氣候及種族也對人的分布及人們對此的態度產生重要影響。至於這兩種新證據，應歸功於精神分析對精神病患的研究，他們在性變態理論上有決定性的影響，這是毋庸置疑的。

　　我們已經說過，精神官能症的症狀是性滿足的代替物；也曾說過，要從分析症狀來證明這句話會遭到許多困難。老實說，我們必須將那些所謂「變態的」性需要看作一種性滿足才對；因為症狀的解釋常以這句話為依據，而且其普通程度甚為驚人。同性戀者常常自誇是人類的優秀階級，但假若我們知道每一個精神官能症者都有同性戀傾向，而大部分的症狀又都是同性戀潛伏傾向的表現，便可見這種自誇完全無說服力可言。那些公然自稱是同性戀的人們，其同性戀的傾向是有意識、明顯的；事實上，這樣的人較之有潛伏同性戀傾向的人們實屬微乎其微。

　　在人類的性愛生活中，我們應該把選擇同性為性愛對象這件事，視為一種正常的形態，我們才能逐漸明白這個事實的重要性。不過我們也應該明白，同性戀和常態之間的區別，而且這種區別十分的重要，但在學理上的價值則大為減輕。我甚至作如下一個結論——妄想症這種特殊的精神疾病，現在雖已不再被認為是屬於「轉移性精神官能症」，卻常常因為要壓抑其強烈的同性戀傾向產生。記得我以前有一個病人，她的強迫動作中，正模仿一個男人——即和她已分居的丈夫——的行為，患有精神官能症的女人，常產生這種女人裝男人的症狀。這類在實際上縱使不能歸因於同性戀，但與同性戀的起源有極為密切的關係。

正如歇斯底里症可能在身體的各個系統（如循環系統，呼吸系統等）內發生症狀，它可以紊亂身體的一切功能，而分析的結果使我們明白：那些以其他器官代替生殖器所謂「變態的衝動」，都在這些症狀中表示出來，因此，其他器官也可以代替生殖器。正是由於歇斯底里症的研究，我們知道：身體器官除了原有的功能外，都兼有性的意味，而且若性的要求過於強烈，原有功能便會受牽制。所以和性無關的器官，及無數歇斯底里性的衝動中，是憑藉著取代生殖器功能的其他器官，滿足基本的變態性慾。而以此方式，那些營養和排泄的器官，也大都能滿足性衝動，我們對此知之甚深。這在性心理變態中，也表現出同樣的徵象，只不過性心理變態的症狀較易辨認，而歇斯底里症的解釋則頗費周折。此外，我們還需把變態的性衝動，歸屬於患者人格的潛意識部分，而並非意識。

在強迫症症狀中，最嚴重的是虐待狂的性傾向和性目的的變態。依據強迫症的構造，這些症狀，在滿足與拒絕那些變態願望間發生衝突。然而，滿足是沒有捷徑可走的，強迫症知道如何在病人的行為中，迂迴地藉自我懲罰達到目的。這種精神官能症的其他形式，還有過分的「煩惱」和深思等，又如誇大一般性滿足中的預備動作，視為性的滿足：如窺視、撫摸；為什麼強迫症病人會恐懼接觸，或出現強迫洗手的行為等，這點實在占很重要的地位——我們從多數的強迫動作中，均可發現作為偽裝自慰行為的反覆變化，而自慰則可視為各種性幻想共有的、唯一的慣常動作。

我本來可以更詳盡地說明性心理變態和精神官能症的關係，但我相信以目的而言，已經談得夠多了。然而，我們也不能因為性變態的傾向，在症狀的解釋上占一重要地位，就過分誇張人類性生活這些傾向的頻率和強度。我們已經知道，一個人如果缺乏正常的性滿足，便會產生精神官能症。而缺乏性滿足，會使性需要不得不以性興奮的變態方式發洩。這又是如何發生的？到後面就可以明白。無論如何，我們都可以瞭解，這種阻礙勢必會增強變態的衝動，所以若沒有妨害到常態的性滿足，變態的衝動必定較為薄弱。此外，還有一種類似的原因，在變態性狀態中顯而易見：在某些情形下，性本能如果受到暫時的限制，或受到社會制度永久的限制，而難以得到正常的滿足，

便可能引起變態的狀態。至於其他例子而言，變態的傾向和這些條件，完全沒有關係，它們就像是個人原有的正常性生活。

對於以上內容，也許會產生一個暫時的印象——這些不足以解釋正常性生活和變態性生活的關係，只能夠增加糾紛而已。但不管怎樣，要記住的是下面這一論點：假如實際上缺乏性滿足，確實足以使那些原本正常的人顯現出這種變態傾向，那麼我們不得不斷定這些人較容易引起、萌生變態症狀；或者可以說，他們必定潛藏著這種變態傾向。

如此，我便可以開始說明前文提到的第二種新證據：經由精神分析，我們已經知道兒童的性生活也有研究的必要，分析症狀而引起的回憶和聯想，常常可以追溯到兒童時期的初期。由此發現的一切，幾乎皆被關於兒童的直接觀察所證實。因為我們知道：一切變態傾向都起源於兒童期，兒童不僅有變態的傾向，而且也有變態行為，與其尚未成熟的程度正好相符。簡而言之，變態的性生活意即嬰兒的性生活，只不過是範圍大小、廣狹稍有不同罷了，為了更好地說明這一問題，我們將單獨用一小節詳細地進行解釋，希望能達到目的。

▌關於兒童的性探究

按語：

在佛洛伊德之前，人們並沒有注意到幼兒的性慾問題，而認為：性衝動不存在於童年時期，而只在生活史上的那個被稱為青春期的時候才突然顯現。佛洛伊德的性學理論，致力於扭轉人們對於「性」的狹隘的看法。即使在今天，我們也難以想像，天真無邪的兒童與「性」一詞有著豐富的關聯，究竟是確有其事，還是主觀意願，我們不妨探究一番。

如前所述，現在可以用完全不同的眼光，來看待性變態者，且不再忽略性變態和人類性生活的關係。然而這驚人的發現，恐怕會引起人們的不快，因為關於性本能，流行的觀點是——兒童沒有性生活（如性的興奮、性的需要、性的滿足等），直到青春期它才覺醒；然而，這可不單單是一種簡單的錯誤，而是非常嚴重，代表我們對性生活的基本條件茫然無知。徹底研究關於童年期的性形成，或許有助於我們揭示性本能的基本特徵、發展歷程及根源。

顯而易見，致力於解釋成人特徵及反應的學者們，過多地注意個體祖先的遠古階段、過多地強調遠古對遺傳的重要性，而忽略了個體的發展——童年期的重要性。當然，我們完全可以想像：童年期的影響更容易理解，也比遺傳更值得思索。的確，在關於性活動的文獻中，偶爾也會發現關於幼兒早熟的性活動，如勃起、手淫及類似於性交的活動。但這些常被視做意外、怪事或駭人的早發性墮落。據我所知：迄今尚無一個學者清楚地辨別出童年期性本能的規律，在關於兒童發展的眾多著作中，「性發展」一章總是被棄之不顧。

在我看來，造成以上奇怪忽視現象的原因，一方面由於作者對正統思維的屈從，另一方面由於此為尚待解釋的心理現象。我認為對大部分人而言（雖然不是全部），這種奇怪的遺忘覆蓋了童年期的前六年或前八年。因此，雖然我們有足夠的理由對此抱有疑慮，但卻對這種遺忘習以為常。人們告訴我：我們是在幼兒期的後階段，才開始對事物有不甚清楚的回憶、對所得印象有

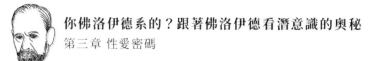

活躍的反應，同時還能像成人一樣表達痛苦與歡樂，也可表現出我們的愛、忌妒及其他強烈的情感，成人還會根據我們的言談，判斷我們是否具有明智的判斷力。但當我們長大成人，竟對此一無所知！我們的記憶為何如此落後於其他心理活動？其實不然，我們有足夠的理由相信：在童年時期，獲取和再現印象的能力才是最強盛的。

另一方面，透過對他人的心理研究，我們必然相信：我們所遺忘的印象，實際上在心理上留下了很深的痕跡，且對成長後的發展起了決定性作用。由此可見，童年期的印象並非真正的遺忘，而是如同精神官能症的遺忘一樣，只有近期記憶，因為壓抑作用，這些印象的基本方面已離開意識。但是，是什麼造成了童年期印象的壓抑？誰能解開這個謎，便能夠解釋歇斯底里遺忘的原因。

同時，幼兒的遺忘這一事實，使我們能從新的觀點比較兒童與精神官能症的心理狀態。在前面我們已涉及到這一問題：即精神官能症的性慾，或者滯留在幼兒期，或者返回幼兒期。那麼，幼兒的遺忘是否也與童年期的性衝動有關？

此外，尋找幼兒期的遺忘與歇斯底里性的遺忘之間的聯繫，絕不是一種文字遊戲，對因為壓抑而造成的歇斯底里性遺忘，可做出這樣明晰的解釋：患者已有某一現象的記憶，只不過意識不到；透過聯想而將這一現象吸引過來，但壓抑卻將此排出意識之外。因此可以說：沒有幼兒的遺忘就不會有歇斯底里性的遺忘。

因此我相信，幼兒的遺忘之所以彷彿回到了史前期，並全然無知自己性生活的初萌，是因為：就性發展而言，從未賦予童年期重要的意義。要填補這一空缺的知識，僅靠一個人絕對是力不從心。而從一八九六年開始，我就堅持在性生活的重要現象起源中，童年期的重要性；此後，我也從未停止強調幼兒期的性問題。

關於童年期異常、例外的性衝動，以及精神官能症者童年期的潛意識記憶，已有了許多相關報導，這使我們可以描述這一時期的性行為。

　　新生兒身上已存在性衝動的基因，持續發展了一段時間後，才漸漸地被壓制下去；當然，性發展還會因階段性特徵與個體的特徵中斷，這似乎是毫無疑問的。然而，我們對這一發展歷程的規律性與階段性卻一無所知，兒童的性生活似乎在三歲或四歲時才能觀察到。

　　正是在整個、部分的潛伏期中，形成了一種阻止性本能發展的心理力量，它如堤壩一樣阻止了性本能的奔流，這些力量包括厭惡感、羞恥感、倫理道德的理想要求。從這些被文明化的孩子身上，人們得出的印象是：這些堤壩是教育的結果。毫無疑問，教育確實有著一定的作用；然而事實上，這一發展過程由遺傳決定、固定，有時在毫無教養的條件下也會發生。如果教育順應身體機能的發展，使其變得更加清楚深刻，那麼，教育就可以適當地發揮功效。

　　提高個體文明與正常發展，是如何形成這個重要的結構因素？它們也許是以幼兒的性衝動為代價。因此可以說：即使在潛伏期，這些衝動也未曾停止，只是能量全部、部分地從性目的轉移他處。研究文明的歷史學家似乎都認為：使性本能脫離性目標，並把力量用於新的目標——這個過程應該被稱為「昇華」。在此需補充的是，同樣的過程也影響了個體發展，而這一過程始於童年的潛伏期。

　　由此形成了一種關於昇華過程機制的觀點：一方面，性衝動在童年期不可能被利用，因為生殖功能後延了，這便是潛伏期的主要特徵；另一方面，這些衝動似乎又是變態的，即它始於性感帶且源自本能（從個體發展的角度看），但卻只能產生不愉快的情感。結果，為有效地壓制不愉快，便喚起了相反的心理力量（相反情感），即我前面提到的心理堤壩：厭惡、羞恥與道德。

　　既然潛伏期或延遲期僅是假設，且極其模糊，那就沒有必要沉溺其中不能自拔。但我們可以證據確鑿地指出：嬰兒性活動的應用代表著一種教育理想，個體在發展的某一點上會有相當程度的差異性，有些迴避昇華的性活動會有所突破，有些則持續於整個潛伏期，直到青春期才強烈地暴露。凡注意到幼兒性活動的教育家，似乎同意了我們的觀點，認為建立道德防禦力量，是以犧牲性活動為前提；他們甚至知道，性活動使得某些孩子無法被教誨，

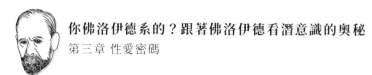
由於孩子無法戰勝它，所有的性表現便被視為「壞」；與此相反，我們有足夠的理由，將注意力指向這些令教育家害怕的現象，我們期望在他們的幫助之下，能夠發現性本能的原始情形。

在說明兒童最顯而易見的性活動之前，我想請你們先注意「欲力」這個名詞。欲力和飢餓相同，是一種力量、本能——這裡是指性本能，飢餓則為營養、維生本能——人即藉這種力量達到目的。其他名詞如性興奮、性滿足等，則不必加以定義。精神官能症的解釋中，常有關於嬰兒的性活動，你們多少都略有耳聞，自然能會以此為力持異議的一個理由。這個解釋奠基於分析研究上，由一指定的症狀回溯起因。

嬰兒的第一次性興奮似乎和其他重要的生活功能有密切關係，相當然爾，小孩的主要興趣在於吸收營養，當他心滿意足地在母親懷抱中酣睡時，舒服安逸的神情，就像成年人得到性滿足後的神情。這點當然不能作為證據，但我們知道，嬰兒喜歡反覆演練吸收營養時不可或缺的動作，因為並非真正在吸取任何營養，所以他們如此動作，並非迫於飢餓，因此我們遂稱這種動作為「快樂的吸吮」（這個詞的意義是為吸吮而吸吮的快樂——如吸吮手指、橡皮奶嘴或乳頭）。嬰兒透過這種動作便可舒服地安睡，可見這個動作可使嬰兒滿足；此外，嬰兒有時不肯入睡，除非先有這種吸吮的動作。布達佩斯的兒科醫生林德納，率先主張這個動作帶有性的意味；保姆和照顧嬰兒的人們雖不談學理，但對這種為吸吮而吸吮的動作，似乎也有同樣主張，都相信這個動作的目的是在追求快感，且稱之為小孩的惡作劇，因此若小孩不中止這種動作，他們便會以嚴厲的方法加以制止。由此，我們便可以知道：嬰兒吸吮的目的就是追求慾望的滿足。而我們堅信，這個快感在吸收營養時才能發覺，但嬰兒不久便知道，即使離開營養也可以享受這種快樂。這種快感的享受以嘴為重要的部位，而我們稱身體的這些部位為性感帶，因而吸吮的快樂也帶有性的意味。

毫無疑問，吸吮母親乳房是嬰兒生命中最重要的事情。因為嬰兒由此動作，同時滿足了生命中最大的兩個欲求。由精神分析研究，我們驚訝地發現：這個動作在精神上所占的重要地位，是終身保留不會失去的。吸吮乳房以求

得養分，乃是整個性生活發展的出發點，也是後來各種性滿足的雛型，到了需要的時候，就會幻想吸吮乳房自慰。吸吮乳房的慾望，實含有追求母親胸乳的慾望，所以，母親的胸乳就是嬰兒性慾的第一個對象；但是，當嬰兒一旦能為吸吮而吸吮，胸乳即被拋棄，代之以自己身體的一部分。因此，嬰兒不必求助於外物也能得到快感，而且不但將興奮的區域擴展至身體的第二種區域，甚至增加快感的強度。性感帶所能產生的快感，本來不能有同等的程度。所以，正像林德納博士所說，嬰兒在自己身體上四處撫摸，當發現生殖器的區域特別富於刺激後，因此放棄吸吮，開始手淫，那是一個重要的經驗。

對於追求愉快的吸吮動作的討論，已經使我們發現嬰兒性慾的兩個決定性特徵：嬰兒為了滿足其強大的身體需要，於是產生了一種手淫的行為，也就是說，他們在自身追求性的對象；而既然吸收營養充滿了快感，那麼排泄作用當然也不例外。我們斷定，嬰兒在大小便時都有快感的經驗，不久後便會故意做這些動作，以期這些催情的黏膜伴隨而起的興奮，帶給他們極大的滿足。就像安德烈斯·薩洛姆曾指出的：外界的壓力不但不允許小孩有追求這種快感的慾望，而且會加以干涉──於是小孩首次模糊地感覺到，成人時可能會經驗到的內心及外界的衝突。他不可以隨便大小便，且排泄的時間必須被他人指定。成人們為了使他放棄這些快感，乃告訴他，有關大小便的一切都是「不登大雅之堂」的，必須加以隱諱。他才不得不放棄這一快樂，以換取他人心目中的價值。事實上，他本身對於排泄的態度最初完全不是如此，他並不會厭惡自己的大便，因為他原視大便為其身體的一部分而不願遺棄，還要將它當作贈給敬愛人的第一種「禮物」。縱使後來由於教育的陶冶而放棄了這些傾向，他也依然視大便為「禮物」和「黃金」，而小便方式的成就，仍然似乎也是足以傲視他人的東西。

我知道你們已經忍了許久要打斷我的話，想喊道：

「真是胡說八道！腸的蠕動竟被嬰兒當作快感的性滿足來源。大便竟成為具有價值的物品，而肛門竟成為生殖器的一種，我們怎麼能相信？但是我們卻瞭解小兒科醫生和教育家，為什麼這麼深惡痛絕精神分析和其結論了！」

　　你們只是暫時忘記了我剛才告訴你們的：嬰孩性生活的事實，和性變態事實之間的關係罷了。你們難道不知道，有許多成人，無論其為同性戀或異性戀，在性交時是以肛門代替陰道嗎？你們難道也不知道，有許多人終身保留排泄時的快感，視其為重要大事嗎？你們也許聽過年齡稍大，能討論這些問題的兒童，說自己對上廁所有怎樣的興趣，而看人家上廁所又有怎樣的興趣。假如你們預先告誡這些兒童，他們自然不肯再說這些話；至於你們不願意相信的其他事，只要查閱精神分析，及對於兒童所有直接證據的觀察報告，就會知道，能不被成見所蒙蔽，而用不同的觀點來看待這個問題的人，具有偉大的才能。你們認為兒童性活動和成人性變態的關係，非常令人驚駭，我並不對此感到遺憾。這種關係本來就是極其自然的；因為兒童沒有把自己的性生活化為生殖功能的能力，所以毫無疑問的，他們若有性生活，勢必是變態的。因為放棄生殖目的，乃是一切性變態的共同點。性活動是否為變態，便看它是否止於性的滿足，而不以生殖為目的，這是我們實際判斷的標準。因此你們可以瞭解：性生活發展的要點及轉折點，即在於順服於生產的目的。凡未發展至此、不願遵從這個目的，僅求滿足的一切性活動，都得到不名譽的「變態」之稱，而為世人所輕蔑。

　　因此，且讓我回頭繼續略述兒童的性生活。我曾對其他各種器官作過同樣的研究，藉以補充前述兩種器官的觀察。兒童的性生活完全是種本能的活動，這些本能，或從本人身體上得到滿足，或從外界對象得到滿足，都各自的追求。在身體的器官中，生殖器官當然是最為主要，而有些人自嬰孩期開始，直到青春期或青春期以後，不斷地手淫以獲得生殖器之滿足，而不假他人的生殖器或對象的幫助。但手淫的問題卻不易細述，因為它可供我們討論的角度甚多。

　　我雖然想限制我這個討論的範圍，但卻不得不略加討論兒童對性的窺探。這個窺探是兒童性生活的特徵，是造成精神官能症症狀的重要因素，故無法略而不述。兒童對於性的好奇心或窺探，起源很早，甚至在三歲之前即開始。性的好奇心並不必然以異性為對象，因為性的差異在兒童看來是沒有什麼關係、毫無價值的，因為他們——至少就男孩而言——以為兩性都有男性的生殖器。一個男孩如果偶然看見小女孩的陰阜，便會感到十分驚奇，不相信是

真的，因為他不瞭解與他一樣的人，為何竟沒有這個重要器官，後來他知道事實確實如此，仍會感到驚奇不止，並會因此感到害怕，害怕可能也發生在自己身上。從前對這個小器官的種種恐懼又再次復甦，他開始受「去勢情結」的控制，如果他身心健康，這個情結就會形成他的性格；否則，這個情結就會成為精神官能症的因素。如果他接受精神分析治療，這個情結就會形成他的阻抗作用。

至於就小女孩來說，我們知道她們會因為缺乏有目共睹的陰莖，內心深感欠缺，妒恨男孩的得天獨厚，因此，就會有想要成為男人的願望。如果女性在後來的發展上適應不良，這個願望就會出現於精神官能症中。還有一點：兒童期內，女孩的陰核和男孩的陰莖有十分類似的地方，皆有一個特別容易被刺激的區域，可得到性的滿足。女孩如果想成為婦人，就必須及早把這個刺激由陰核轉移至陰道，在那些所謂性冷感症的婦女中，陰核時常保留著被刺激的感受。

兒童對性的興趣，最初專注於生殖的問題——這個問題和獅身人面怪獸斯芬克斯的謎語，背後的問題相同。（按希臘神話傳說，為一女頭獅子身且有翅膀的怪物。提出「早晨四只腳，中午兩只腳，晚上三只腳的東西是什麼？」的謎語為難行人，若答不出即被殺死。後來伊底帕斯解答了這個謎底（人生），消滅了人面獅身。）他們對於這個問題的好奇心，大多是由於為了自我的利益，即害怕其他小孩的誕生。而成人往往以小孩乃由鸛鳥銜來為答覆。但小孩對這句話的懷疑程度，卻出乎我們的意料之外。

兒童自覺受到成人謊言的欺騙，因而感到孤立，此點對其獨立性的發展頗有影響。於是孩子設法自求解決，但這又談何容易？他的性構造尚未發育完成，瞭解這個問題的能力當然受到限制。他起初以為小孩是由某種特別的物體和消化的食物混合而成，他也不知道只有女人可以生下小孩；當他知道先前的理解是錯誤的，遂放棄小孩由食物形成的觀念，雖然神話中仍保留著這個觀念；後來他又揣測父親和小孩之出生有一定的關係，但其關係如何，他卻無法發覺；假如孩子偶然看見父母的性行為，他也會以為男人試圖制服女人，甚至是一種爭鬥。孩子總是以虐待來詮釋性交，這當然大錯特錯，這

只是因為他最初並不知道性交的動作與生育的關係；假如孩子看見母親床上或內褲上染有血跡，便以為這是母親被父親打傷的證明；若干年之後，他也許能推知男人的生殖器，在生育上占有重要的地位，但他仍然不知道這個器官有排尿以外的功能。

兒童們都相信：孩子的出生都是由大腸、肛門造就；換言之，生小孩正與糞便相同。兒童要一直到對於肛門區的興趣完全衰退後，才會放棄這種想法，而代之以另一假定：即以肚臍或兩乳之間為生產的區域。由此點逐漸發展，小孩對於性的事實開始略有所知，除非是由於沒有知識的緣故，因而對這些事實不加注意；若直到青春期之前，孩子才接受了不完全且不正確的印象，孩子長大後就會容易患病。

你們現在也許已明白，精神分析家們毫無保留地擴充「性」一詞的意義，以期支持精神分析關於精神官能症性方面的起因、症狀的性意義理論，這種擴充究竟有無道理，你們現在應該可以自由評判。我們擴充性概念，目的是為了涵蓋性心理變態者和兒童們的性生活，亦即恢復它原有的意義；至於精神分析以外的「性」，只代表常態的、只有生殖功能的狹義性生活。

▍性興奮問題

按語：

　　從童年期邁進了青春期，幼兒的性生活已銷聲匿跡，正常的性生活形態出現。這一時期最根本的變化，便是一個複雜的器官已準備就緒，只待進行必要的活動。這一器官的活動需要的是被刺激，而所有的刺激均產生了同樣的效果——「性興奮」。對於性興奮問題，作者從生理、心理諸方面進行了探討。

　　要瞭解性興奮問題，我們有必要從幼兒的性生活中走出來，討論一下青春期的變化。

　　隨著青春期的到來，幼兒的性生活已銷聲匿跡，正常的性生活形態出現。在過去，「自體性慾」主宰了性本能，而如今性本能發現了性目標。於是，相互分離的本能與性性感帶的活動，便以尋求特定的快樂為唯一的性目標。但在本能追求這一新目的時，性感帶的活動開始受生殖區的主宰，兩性的發展開始日益顯著。男性的發展更為直接、易於理解，女性則出現某種形式的退化。正常的性生活，只有在「情潮」和體質匯聚向性對象和性目的時才能實現，如同挖掘一條隧道，須從山的兩側同時動工。

　　對男性而言，新的性目的表現為射精。這與早先尋求快感的性目的並不相悖，而最大的快感就是在性行為中最後的動作上。此時的性本能已臣服於生育功能，也就是說開始具有利他性，只有本能的原始傾向及所有特徵全部介入這一過程，這一轉變才能實現。眾所周知，同一生物體必須重新整合，才能實現新的複雜機制；而青春期若沒有重新調整，就可能出現病理現象，而性生活中的所有病理現象，都代表著發展受到抑制。

　　以上我所描述的過程，起點和終點已清晰可見；然而，我們仍不十分瞭解當中許多環節，即難解之謎不止一個。

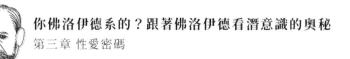

　　一般認為：青春期最根本的變化，是外生殖器的明顯發育。與此同時，內生殖器也成熟到能射精，即可以創造新生命。一個十分複雜的器官已準備就緒，只待進行必要的活動。

　　性器官的活動需要被刺激，而觀察表明，刺激主要來源於三方面：一是外部刺激，由我們已熟悉的性感帶的興奮所引起；二是內部刺激，其內容尚需探討；三是心理生活，它儲存了外在印象和內在興奮。以上刺激均產生同樣的效果——「性興奮」，以心理和軀體為指標。心理指標表現為極度衝動的緊張感；軀體指標中，最初和最重要的變化，即生殖器已準備好進行性活動（男性性器官勃起、女性陰道分泌潤滑液）。

　　性興奮會引起緊張的這一事實，提出了一個難以解決，但對瞭解性過程又十分重要的問題。儘管心理學家眾說紛紜，但我堅持認為：這種緊張感帶有不愉快性。對我而言，最具決定性的事實是：這種體驗伴隨著改變心理情景的衝動，其急切的活動方式完全有悖於快感；然而，若將性興奮的緊張視為不愉快，就與它產生快感的事實不相符。在性過程中的所有緊張，都與快感相伴，即使在生殖器的預備過程中，也清晰可見某種程度的滿足感。

　　而這種緊張的不愉快與快感是如何共處？任何涉及到愉快與不愉快的問題，今日的心理學都無能為力。而我的目的是儘可能的瞭解現在的討論，但我也無法面面俱的回答。

　　讓我們來看一下性感帶是如何適於這種新的安排：性感帶對引發性興奮十分重要，眼睛也許離性對象最遠，然而在追尋性對象時，它卻最常受到特定興奮物質的刺激。我們把發生在性對象身上的這一特質謂之「美」（同樣，性對象身上的優點可稱為「吸引力」）。這刺激一方面有快感相伴，另一方面又會增強性興奮，而引起性興奮；若這一興奮擴展至其他性感帶，如擴展到手，用手撫摸，效果也一樣，快感在這個過程中被增強（生殖器），性緊張也會增強。若這種緊張快感不再繼續產生，便會轉向明顯的不愉快。

　　另一種情形也許更容易理解：若一個未性興奮人的性感帶（如女性乳房）被撫摸，那麼就會產生快感，這時就會要求增強快感。而問題在於：一種快感體驗為何會引起更多的快感需求？

性感帶在此的作用顯而易見，而且這種情形能廣泛適用。性感帶透過適當的被刺激，引發一定程度的快感，快感又增強了緊張，從而為完成性行為提供必要的能量。性行為的最後階段再次需要適宜對象（陰道黏膜）對性感帶（陰莖的龜頭）的刺激。快感提供了能量最後射精，這最後的快感最為強烈，其機制也有別於早先的快感；它由射精引發，得到完全的快感滿足，欲力的緊張此時也煙消雲散。

我認為，由性感帶的興奮引起的快感，不同於射精時形成的快感，二者只有在正名後才可清楚區分。前者稱為「前期快感」，後者叫做「終期快感」。前期快感與幼兒性本能產生的快感相似，只不過範圍更小；後期快感是全新的，大概要青春期達到的某些條件時才會產生。性感帶的這一新功能或許可以描述為：透過性感帶的前期快感（像在幼兒生活中一樣），獲得更大快感的滿足。

然而，前期快感與幼兒性生活聯繫後，可能產生的病態現象更加明顯。正常的實現性目的，明顯會受到前期快感機制的威脅。在性過程的預備階段，若前期快感較為強烈而緊張度太小，那麼危險就會出現；此時，性過程繼續推進的動機已經消失，整個過程被攔截，預備動作代替了正常的性目的。研究表明：之所以出現這種情形，是因為這一相關性感帶或相應的本能，在童年期曾有過大量不尋常的快感；若有新的因素介入，使它被固定，那麼以後生活中就很容易產生強制性行為，即抗抵前期快感的更新。許多性變態者的形成機制便是如此，滯留在性過程的預備動作上。

假如生殖器在童年期就已具有主導性，就無法避免前期快感導致失敗的性功能。在童年期的第二個階段（從八歲到青春期），這種情形似乎已經出現了。此時，生殖區的活動已與成熟期形態相差無幾，每當其他性感帶的快感得到滿足後，生殖區便會興奮，並準備性變化，只是它還沒有目的，即不能完成性過程。因此，在童年期快感被滿足的同時，已經有一定程度的性緊張，只是不夠持久、數量較少。在討論兒童性生活時，我已注意到，我誇大了幼兒性生活與成熟性生活的區別，現在我想加以糾正——無論是變態的，還是正常的性生活，均決定於幼兒性慾的表現。

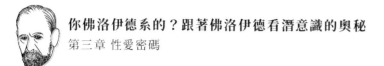

　　滿足性感帶的快感時會伴有性緊張，對這種性緊張的根源我們仍一無所知。若說緊張源於快感本身，不僅全然不可能，而且難以立足，因為當最大的快感到來時，射精後緊張非但沒有產生，甚至被排遣。因此，快感與性緊張只有間接的關係。

　　正常情況下，除了射精後停止性興奮外，在性緊張與性物質間還有其他聯繫。過著禁慾生活的男人，其性器官並非總受制於清規戒律，比如在夢裡就能射精，並伴有快感，這是夢中性行為的產物。就這一過程（夢遺）而言，大概必須做出這樣的結論：性緊張借助幻覺替代真實的行為，釋放出性物質，也就是射精；性機制的枯竭體驗，也說明了同樣的道理：若精液乾涸，不僅無法進行性行為，性感帶對刺激也會變得遲鈍，相應的興奮也無快感可言。由此可見，一定程度的性緊張對性感帶的興奮也是必需的。

　　如果我沒有弄錯的話，這會導致一個已經廣為流傳的假說：即累積性物質會維持性緊張。性物質的壓力作用於性器的內壁，作為一種刺激傳至脊髓中樞，更高的中樞接發了信號後便意識到了熟悉的緊張感。如果說性感帶的興奮增強了性緊張的話，那麼只有一種假設可能成立：即這些性感帶早已與這些中樞建立了解剖學的聯繫，從而增加了興奮的強度。性緊張達到一定水平後便有性的動作，刺激性物質的產生。

　　這種理論雖被接受，如埃賓即採用這種解釋，其弱點卻在於：它適於成年男性的性活動，卻無法解釋孩子、女性與被閹割男性的情形。在這三種條件下，都不存在累積性物質的問題，這使得該理論的應用陷入困境。不過我還是得承認，這一理論在某些方面也許還適用；但無論如何，我們都不應過分強調性物質的累積作用。

　　對被閹割男性的觀察表明：性興奮可以獨立於性物質的產生，達到一定的累積。閹割手術雖旨在限制欲力，卻往往成效不彰；此外，人們早就知道，被疾病剝奪了男性性細胞的病人，雖然沒有了生育能力，但其欲力與性交能力卻未受損害。因此，當里格爾認為，成年男性失去性腺後不會影響其精神行為時，就不必大驚小怪了；不過，若閹割是在青春期前實施，或許會影響

其性特徵的形成。然而問題在於，除了真實喪失的性腺外，發展過程中也有其他因素的抑制作用（與性腺的喪失有關）。

性腺移植的實驗，包括動物睪丸、卵巢及人類兩性間的移植，使性興奮的起源問題有了新的進展，同時也降低了性物質累積理論的重要性。實驗已經可以使雄性變雌性、雌性變雄性。在這一過程中，心理性慾行為隨著身體性徵出現變化。然而，性腺雖可以產生特定的性細胞（精子和卵子），性徵卻似乎與此無關，倒是被稱為「青春腺」間隙組織的分泌物決定了性徵；更進一步的研究或許將表明，青春腺也是雙性的，若真如此，高等動物的雙性理論便獲得瞭解剖學的基礎，但青春腺或許也不是造成性興奮和性徵的唯一器官。

無論如何，我們已經知道的甲狀腺對性的作用，與這個新生物學的發現吻合。因此可能的情形是，性腺的間隙部位產生了特殊的化學物質，然後被帶入血液系統，造成中樞神經系統的變化，形成性緊張（我們已熟知毒物進入人體的現象，特定的器官會出現類似的毒性變化）。性興奮如何由性感帶的刺激引起？純粹的毒性刺激與生理刺激在性過程中，會引起什麼樣的作用？即使在假設的層面上，也非我們目前的知識所能解釋。我們執意堅持的，無非是性過程中的根本，即性代謝產生的某些特定物質。這種已為事實支持但不乏專斷的設想，雖很少引人注意，但卻值得更進一步審視。在性生活受到干擾的精神官能症患者身上，其臨床症狀與吸毒、麻醉的中毒現象或禁慾現象十分相似。

關於性興奮的問題，我們已討論了許多，這一問題涉及到生理的、心理的諸多方面，而因為現在所知有限，不得不引出諸多假設，而且好似越討論範圍越大、離題越遠；但是，以上討論我們已盡可能地說明了性興奮的問題，而就科學而言這種討論是必要的。

▋男女的分化

按語：

　　尼采曾說：「同樣的激情在兩性身上有不同的節奏。」的確，兩性存在著天性的差異。而在本節，佛洛伊德為我們描述了，青春期男女兩性不同的性表現。

　　眾所周知，男女兩性的特徵直到青春期才明顯區分。自此之後，這種差異比其他任何因素更能決定一個人的生活形態。雖然早在童年期，男女特性就能極很容易辨認出來。不過，在性壓抑方面（羞怯、厭惡、同情等），女孩比男孩來得更早。女性的性壓抑傾向似乎更大，當性的單位本能出現時，也多採取被動形式；然而，性感帶的「自體性慾」的活動，在兩性間卻無差異，鑒於此，兩性間在青春期前是不可能有差異的。就「自體性慾」及性活動的「自慰」表現而言，我們或許可以說：小女孩的性活動全然具有男性的特徵。而如果對「男性」和「女性」概念加以界定，我們就會認為：欲力在本質上注定為男性的，不論是出現於男性還是女性身上，也不論對象是男性還是女性。

　　清楚認識到以上這一點很重要，一般人含混不清的「男性」、「女性」概念，在科學中也是最易混淆的概念之一。「男性」和「女性」的含義至少有三種：第一種指「主動」和「被動」；第二種有生物學的含義；第三種有社會學的含義。第一種含義最為基本，精神分析也常使用。比如，當我們在本文中說「欲力」具有「男性」特徵時，指的是：這種本能總是主動的，即使在目的為被動時也是如此。男女兩性生物學的含義極易分辨，精子和卵子的功能決定了兩性性別。主動性與有關現象（更強壯的肌肉、侵略性及更強烈的欲力），通常是生物學的男性特徵；但也未必總是如此，在有些動物中這些特徵屬於雌性。社會學的含義，則由對男、女個體的觀察所得。觀察表明：無論從心理學或生物學的意義上看，純粹的男性、女性根本不存在；相反，每一個個體都是兩性特徵的混合體，兼有主動性和被動性，不論這些特徵是否吻合其生物學特徵。

　　既然我們已熟悉了雙性概念，我認為它具有決定性作用，因為若不考慮雙性理論，就不可能理解男女身體上觀察到的性表現。

　　除此之外，我只想再提一點：女孩主導性的性感帶在陰蒂，它類似於男性的陰莖。經驗表明，女孩的自慰行為均與陰蒂有關，而無關性功能方面重要的外生殖器；我甚至懷疑，女孩是否會因引誘，而對陰蒂之外的部分自慰。這種情況即使出現，也十分罕見，因為女孩總是透過陰蒂的痙攣釋放興奮。

　　如果要瞭解女孩如何變成女人，我們必須追蹤陰蒂的興奮性變化。青春期的到來，增強男孩的欲力，女孩卻出現了新的「壓抑」，陰蒂的性活動尤其受到影響。因此，被壓抑的便是她身上的男性性特徵，女人身上增強的抑制性，卻給予男人一種刺激，並加強欲力的活動；與此同時，若女人潔身自好，拒絕性活動，男人對其的性估價反而更高。當女人被允許有性活動，陰蒂被刺激後，它仍會將興奮傳至鄰近的性部位，如同一小堆細松木被點燃後，引發一堆硬木的燃燒。但在完成轉移之前，尚需要一段時間，但年輕的女子卻是無感的。如果陰蒂區拒絕放棄興奮，那麼這種無感會持續長久，這往往是童年期陰蒂活動過度的結果。眾所周知，女性的無感經常是表面的、局部的，她們的陰道雖然無感，但並不意味陰蒂及其他性感帶都無法興奮。性的麻木除了生理因素外，心理因素也有作用，它們都是由壓抑造成的。

　　如果性刺激能成功地由陰蒂轉向陰道，那就意味著女性開始形成新的性活動主導區，而男性的主導區卻一直不變。主導區的轉移及青春期的壓抑，使女性失去了童年的男性特徵，故極易患精神官能症，尤其是歇斯底里症，這些病因皆與女性特徵有著密切的關係。

▌男人的對象選擇

按語：

透過研究一些鮮明特色的極端例子，佛洛伊德發現：生活中有一種男人，他們在選擇對象時有特定的條件，對待自己的戀人也有不同之處——所愛的女人必須有所歸屬；這個女人必須是輕浮的，他們也需要這種輕浮；他們有強烈的嫉妒心，但只對與對象交往的陌生男人；他們真摯的對待這樣的女人、忠貞不渝，但又會與多個女人保持關係；他們有「拯救」所愛女人的願望等等。經過一系列的分析，佛洛伊德為我們道出了其中的奧祕：一切皆來源於這種類型男人的「戀母情結」，更確切地說，應該來源於「雙親情結」。

在精神分析的治療過程中，我們有許多機會能深入精神官能症者的情慾世界；有時候我們也會聽說，某些身體健康、才智傑出的人，也有與病人一樣的表現。我們在細心觀察和收集足夠材料後，得到一些明確的印象，由此便能把人們戀愛的方式歸納為不同的類型。

男人選擇性愛對象有很多類型，但在此我要描述的是其中一種類型，這種人的「愛情事件」非常特別，且令人迷惑不解，同時也因為精神分析能對此給出較清晰的解釋。

一、對這種類型的人而言，愛情的選擇條件，最為明顯、不可或缺的一條，我們稱做「必須要有受傷害的第三者」，即這種男人絕不選擇「無主」的女人為愛情對象，如少女或寡婦等。他們只會選擇被其他男人占有的女人——有丈夫、未婚夫、男友的。在某些極端的病例中，那些無所屬的女子永遠激不起他們的愛慾，甚至受到他們的鄙視，而一旦女人與別的男人有了關係，這種男人即刻會愛上她們。

二、第二個條件或許不如第一個條件恆定不變，但同樣很突出。它經常與第一個條件相伴出現，當然，第一個條件更常獨立出現。第二個條件表現為，這種人從來不把純潔善良的女子當作情愛對象，倒是會愛上那些貞操未知、性生活不太檢點的女子。就後一特徵而言，也許存在著某種程度的差異，她們可能是而豔聞於世的有夫之婦，也可能是生活放蕩的妓女，還可能是玩

弄情愛的高手。這種類型的人若沒有與這種女人發生關係，便得不到滿足，說得苛刻些，第二個條件可以稱為「妓女之戀」。

這種人的愛情似乎離不開這兩個條件，前一個條件滿足的是他的敵對情感，使他能為了自己所愛的人與別的男子爭鬥；第二個條件，則是因女人的放蕩而帶來的嫉妒情緒——只有當他們嫉妒的時候，情感才能達到極致，同時對象的價值也急遽上升，甚至高的無法比擬；但奇怪的是，他們嫉妒的對象往往不是對象的合法占有者，而是初次接觸後，就懷疑與對象有關係的陌生男人。在某些明顯的例子裡，這種男人並未表現出獨占對象的願望，好像對三角關係極為滿足。我有一個病人，他常為情婦的放蕩而悶悶不樂，但他並不反對她結婚，反而極力支持，也從未對她的丈夫表現出嫉妒。還有一個典型的例子：男方對情人的丈夫十分嫉妒，一直堅持要女方離婚；但後來對她丈夫的態度漸漸改變，因為他也像其他同類的男人一樣，漸漸習以為常。

以上便是這類男人選擇戀愛對象的必要條件，下面將探討他們如何對待自己的戀人，綜合起來，也有以下兩種情況。

一、正常人敬重貞潔的女人，看不起放蕩不羈的婦女，而這種人卻恰恰相反。對他們而言，女人越是輕浮淫蕩，就越使他們愛得發狂。他們覺得，這樣的女人才值得自己去愛，但愛上了之後，又一而再、再而三地要求她們對自己忠誠，這在現實中經常會以破裂告終。我們知道，不管哪一種熱戀行為，多少都具備一種強迫的性質。但這類男人的強迫慾望，又進了一步，當他們無法自拔地愛上女人時，這種強迫衝動更是無法阻擋。他們的愛是如此誠摯熱烈，但如果認為他們一生只有這樣一次熱戀，那就錯了；實際上，這類奇特的情愛在他們的一生中會不斷出現，每一次幾乎都是上一次的翻版。由於外部事物的變化，他們所愛的對象也經常會更替，他們的這種經驗會愈加豐富。

二、最令人驚奇的是，這種類型的人總表現出「拯救」所愛女人的衝動。他們堅信這個女人需要他，若沒有他，這個女人就會失去道德控制，很快就會陷入可悲的境地。因此為了拯救她，才緊緊抓住她不放。如果女人實在放蕩慣了，不值得信任，或者她的生活無所依靠、艱難備至，這種保護的衝動

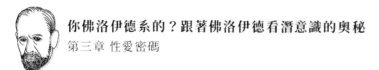

還情有可原；然而，現實中常常沒有這樣的前提。有這樣一個男人：他深知如何用花言巧語誘惑女人，而一旦得到這個女子，就會想盡一切辦法要求她保持「忠貞」。

現在讓我們審視一番，這類人不同的特徵：所愛之女人必須有所歸屬；她們必須是輕浮的，他們也需要這種輕浮；他們有強烈的嫉妒心，強烈到深入骨髓；他們對所愛女人忠貞不二，但又與多個女人輪流保持關係；他們有拯救所愛女人的強烈慾望等等。

表面上看來，這種種表現很難尋覓到單一根源；但如果我們運用精神分析，透視這類人的性生活，便能得到滿意的結果。

我們發現：這種人選擇對象的奇特條件、示愛的單一方式，與正常人的愛具有相同的根源——即幼兒時代對母親的眷戀。在正常的愛情生活中，就對象選擇而言，僅有少許人原封不動的保存母親的原型特徵，比如青年對成熟女子的偏愛。可以說，正常人很快就脫離了母親的意象；而這類人則不同，他們的欲力在母親身上傾注過久，甚至到青春期後，母親的特徵滲透到了對象選擇中，這一切都變成了極易辨認的「母親替身」。

這類人的愛情條件和行為，確實源於母親相關的心理情結，對此我們當然有足夠的證據。第一個條件的證據似乎比較容易找到，即「所愛的女人必須屬於別的男人」或「必須有受傷害的第三者」。對於在家庭中長大的孩子而言，母親屬於父親，這是母親之所以為母親的本質。至於這類人在戀愛中的專一性，即所愛的人對他來說是獨一無二的，這與小男孩也有相似之處：在小男孩看來，一個人只能有一個母親，他與母親的關係建立在無法替代的基礎上。

如果要證明這類人的愛戀對象是母親的替身，就需要解釋下面的事實——這類人會不斷地變換戀愛對象，這點與對某一人的狂熱、心理上的忠貞不渝相矛盾。精神分析使我們發現這樣一個鐵律：人潛意識中對某種獨一無二、不可替代東西的熱戀，會表現為一種永無休止的追尋。這是因為，替身終究是替身，它永遠也無法滿足真實的渴求。孩子在達到一定的年齡後，會變得極好發問，對這種現象的解釋是：他們本來只想問他們真正關心的問

題，但卻怎麼也無法說出口；同樣，精神官能症者的喋喋不休亦可做出如此解釋：他們背負著祕密的重擔，卻始終無法成功的揭開。

至於這類愛情的第二個條件，即選擇的對象必須淫蕩，卻似乎與母親的意象不符，故不可能是因果關係。在成人的意識中，母親被視為道德完善的人，故無論是自己對母親的懷疑，還是別人對母親的曲解，都會激起防禦；然而「母親」與「妓女」的鮮明對照，促使我們研究這兩種情結的發展，及其與潛意識的關係。其實我們早已發現：意識中對立的雙方，在潛意識中經常作為一個整體出現的。調查使我們發現：青春期前後，孩子第一次獲得完整、或不完整的成人性關係知識。這種對性生活祕密的瞭解，常常是從口頭流傳的粗俗語言中得知，在這些語言中使用的形容詞當然是惡意、敵視的。這種對成人性生活的瞭解，與長輩在孩子心目中的威望互相衝突；而被這個「洩密」嚴重影響的孩子，自然會想起自己的父母，他們往往會用這樣的口吻否認：「你們的爸爸媽媽才會做那些事！但我的爸媽絕對不會！」

作為性啟蒙的必然結果，孩子又會瞭解到，有些女人以性交易維持生計，因而遭到世人的唾罵。孩子卻根本不能理解人們為什麼瞧不起她們，而一旦他認識到自己也可能受這些女人的誘惑，過上成人的性生活時，便開始對這些女人既渴望又恐懼；其後，他便不再相信，自己父母沒有這種人人都有的「醜惡」性行為，他便會以憤世嫉俗的邏輯告訴自己：母親與妓女的差別並不大，因為她們做著相同的事情。這些啟蒙訊息，喚醒了他對童年的早期印象，復甦了某些特定的心理衝動。他再次欲求得到母親，並仇視願望中阻礙的父親——即再次陷入伊底帕斯情結。

讓他耿耿於懷的是，母親只允許父親與她性交，而他不被允許，在他看來這是一種不忠。而如果這種激情不能迅速消失，那麼只能透過某種方式發洩，而發洩的方式只能是荒唐的幻想——在這種幻想中，母親的意象總是以奇特的變形出現，幻想迅速增強性刺激，最後他只能透過手淫發洩。由於戀母和仇父兩種傾向同時出現，他很容易就幻想母親不忠，那些幻想中與母親有私情的情夫，又總具有孩子的自我特徵，或更確切地說，是孩子的理想人格，期望長大後可與父親相抗衡。

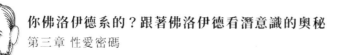

　　既然對心理發展已有所瞭解，就不會認為下列事實矛盾：被愛者必須是個放蕩的女人，這直接源於戀母情結。很明顯，我們所討論的這一類型的男人，其在早年情慾上留下了難以磨滅的印象；而我們不難發現，他日後所做的一切，正是他青春期前童年幻想的再現，除此之外，青春期中過分的手淫也多少起了作用。

　　對主導這種男人的愛情生活幻想而言，似乎又與拯救所愛對象的願望，僅有鬆散聯繫。這就是說，由於她水性楊花、三心二意，很容易使自己陷入危險，因此便能理解：關注她的貞操、阻止她變壞，是為了擺脫危險；然而，透過對遮蔽性記憶、幻想與夜夢的研究，我們便瞭解到：這種解釋只是對潛意識動機一種特別合適的「合理化處理」，這一過程可類比於夢成功的二次加工。

　　事實上，「拯救動機」有自己的意思及發展史，它是戀母情結，更確切地說是「雙親情結」的獨立衍生。當一個孩子知曉自己的生命來自父親或母親，他的感恩之情便會夾雜著長大後要獨立自主的願望，期望自己有朝一日能以等價的禮物歸還父母。孩子對成人的挑戰似乎在說：「我並不想要父親的什麼，我所欠他的會全部還清。」由此他會編造出種種幻想，如從危險中拯救父親一命，如此父子才算恩怨兩清，他便能坦然地離開父親，與父親斷絕關係。在多數情況下，這樣的幻想經過加工後才能進入意識，所以拯救的對象不是父親，而變成了皇帝、國王、某個大人物，這些幻想往往會成為作家的創作素材，而在「拯救」父親時，其幻想包含的主要意義是保持自尊。

　　如果「拯救」的對象是母親，其幻想中包含的主要意義是一種感恩的柔情。母親給了孩子生命，故要以等價禮物歸還母親，絕非易事；然而，只要在潛意識中稍稍變換一下「拯救」母親的含義，感恩的慾望便可得到滿足，而改變的方式只有一個——就是還給她一個孩子，或使她再生一個孩子。

　　當然，這個孩子必須處處像自己，而這離拯救的原意並不甚遠，而意義改變也並不矛盾。他的母親給了他生命，回報就是這種「拯救」的本質。在這樣的幻想裡，他無意中讓自己替代了父親，在他期望「自己做自己父親」的時候，他所有的本能，諸如愛悅、感恩、欲求、自尊、獨立等，全部都得

到了滿足。在這樣一種「含義轉換」裡，並不曾失去「拯救」中的危險意味，因為生命的誕生本身就是一種危機，而這個生命因為母親的受苦而存活下來。所以人們常常說：出生乃是人生中第一個危機。事實上，這第一次危機，又是後來使我們焦慮的所有危機的原型。人們對第一次危機有一種莫名的恐懼，所以在蘇格蘭的一個傳說裡，主角麥克達夫不是從母親的陰道中出生，而是從母親的子宮中竄出，故始終不知恐懼為何物。

古代解夢者阿特米多魯斯認為：同一個夢往往因做夢者的不同，而有不同的含義，因而有不同的解釋。這種說法非常有道理，按照潛意識內思想的規律，「拯救」的意義依幻想者的不同而有所區別。它可以同樣地指（男人）生孩子或（女人）讓自己生個孩子。而一旦這些夢與幻想中的不同的「拯救」意義，還有水聯繫起來，便可清楚辨認出真正的含義。如果一個男人在夢中將一個女人從水中救起，意味著使她成為母親；而當一個女子夢見從水中將一個人（一個小孩）救起，就意味著自己是這個孩子的生身母親；偶爾也會有「拯救」父親的幻想，在這種情況下，它表達的意思是將父親置於兒子的地位，或者說，想有一個像父親一樣的兒子。在這些有關「拯救」的觀念與雙親情結的關聯中，只有那種想「拯救」自己所愛女人的衝動，才是我們討論這類人的典型特徵。

對於這樣一種透過觀察而推演出理論的過程，我不想在此做過多的描述。我的著眼點，只放到那些有鮮明特色的極端例子中。絕大多數人只擁有這類人一兩個可觀察到的特徵，而且常常是偶發的；而如果我們不尋根究底，僅從偶然出現的反常現象出發，就無法得出一個清晰的面目。

處女的禁忌

按語：

在原始民族的性生活中，存在著一種特殊的禁忌——處女的禁忌，即原始人的恐懼，使丈夫避免破貞的行為。在我們看來這無疑是一種荒誕、不可思議的行為，但精神分析卻給出了一個完全合理的解釋，而且與現代的女性也存在著某種聯繫。

在原始民族的性生活中，有許多細節會使我們感到極為驚異。他們對處女（尚未有過性經驗的女子）的態度，便是一個很好的例子。

或許有人認為，原始社會中的女孩多半在婚前便已失去了童貞，而且這件事並不影響其出嫁，這說明一個女子是否為處女，對原始人來說並無多大妨礙——但在我看來，恰恰相反。女孩子婚前失貞，對原始民族來說，具有相當重大的意義，不過這變成了一種禁忌，一種宗教性的限制。原始人不允許她們將童貞獻給新郎，習俗要求她們這樣做，亦要求新郎避開破貞。

我無意在此詳列所有論述這種禁忌的文獻，也不想說明它在世界各地的分布情況及各種形式，我只是要陳述這樣的事實：這種在婚前弄破女孩處女膜的行為，是普遍存在於原始民族中的一種習俗。誠如克勞雷所說：「這種由丈夫以外的人穿破女孩處女膜的婚前儀式，在文明程度較低的階段是很普遍的，尤其是在澳大利亞。」

自然，若女孩要避免在結婚後被穿破處女膜，就必須事先由某個人以某種方式完成。克勞雷在其《神祕的玫瑰》一書中，有較詳細的論述：

第一百九十一頁：「在澳大利亞的笛里及鄰近部落，在女孩進入青春期時弄破其處女膜是極為普遍的習俗。」、「在波特蘭和格萊尼格部落，通常由年老的婦女給新娘做這個手術，有時甚至請白人姦汙少女，以完成這個使命。」

第三百零七頁：「有時在嬰兒期就弄破處女膜，但大多是在青春期……在澳大利亞，它常與性交儀式合併進行。」

　　第三百四十八頁（這段話引自斯賓塞與吉倫的通信，他們在信中討論了大澳大利亞部落中極為流行的婚姻風俗）：「處女膜先人工穿破，然後男人們依次親近（公開的和儀式的）這個女孩……整個儀式分為兩個部分，先是穿破，然後性交。」

　　第三百四十九頁：「在赤道非洲的瑪塞地區，女孩子在結婚前必須經過一次手術。在薩克斯族（屬馬來）、貝勒斯族（在蘇門答臘）及西里伯斯島的阿福爾斯部落，女孩的處女膜往往由父親在新娘婚前弄破；在菲律賓群島，甚至有一批人專門以穿破少女的處女膜為職業，不過有些女孩子早在孩提時代，已由年老的婦女做過手術，長大後就不必再重複；在一些愛斯基摩人部落，讓女孩失貞乃是僧侶們的特權。」

　　以上論述存在著兩大缺點：第一，是它們大部分都沒有把「穿破處女膜」說清楚，究竟是透過性交來弄破它，還是以非性交的方式弄破它？第二，是我們還不太清楚在這樣的場合中，儀式的性交與平常的性交有什麼區別？

　　就我手頭的資料來看，這些作者不是根本不瞭解交代這個問題的重要性，就是由於害羞，才始終沒有詳述這些性行為。我多麼希望旅行家及傳教士能為我們提供更完整、更明確的第一手資料；然而，這類資料大部分是國外的，因為眼下我們還得無法獲得，所以我在此還不能下確定的結論。但無論如何，這第二個疑問即使沒有詳細描述，也很容易就能想像出來；因為不管這種儀式的性交多麼缺乏真實效果，仍象徵著完全的性交，而且他們的祖先就是那麼做的。

　　下面我將簡單列舉一些，適於解釋處女禁忌的不同因素。我們知道：處女膜一旦穿破必然會流血。因此，對視血如生命之源的原始民族而言，自然十分畏懼，這可以作為第一種解釋。這種流血禁忌可以在許多與性無關的活動中觀察到，顯然它代表著禁止原始人的嗜血和殺人狂欲。根據這種觀點，處女的禁忌又與月經的禁忌有關，原始人很難區分這種每月流血的困惑現象與施虐觀念。他們把月經，尤其是初潮，解釋為被某種精靈鬼怪的撕咬，甚至乾脆就認為是與某種精靈性交的結果。有些資料中提到，經期中的女孩常常被認為身上附著祖先的靈魂，故令人敬畏，被看待為「禁忌」。

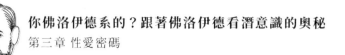

然而，關於其他問題的思考提醒我們，不要高估懼血這一因素。因為在同一民族中，對血的恐懼沒有強烈到能壓制下列現象的出現，如男孩的包皮割除禮，以及比這更殘酷的，對女孩陰蒂及小陰唇的割除禮；除此之外，還有許多涉及流血的儀式，很明顯，這些現象都牴觸「原始人恐懼流血」的解釋。既然如此，若第一次性交是為了克服丈夫對血的恐懼，也就不足為奇了。

第二種解釋同樣與性無關，只不過比第一種涉及的範圍更廣、更普遍。按照這一種解釋，原始人似乎永遠處在一種「焦躁的期待」裡；他們憂心忡忡，就像我們在精神分析學中，在心理症劃分出的焦慮症。而每當原始人遭遇到新奇、神祕、怪誕和不合常情的事物時，這種焦躁的期待就會愈加強烈。於是便出現了許多犧牲奉獻的祭奠，這些大半保留在宗教儀式裡，流傳至今。我們知道，在人們剛開創新事業、或剛邁入人生的新里程、或生孩子的時候，人們就會有一種特有的期待心情，而期待中透著焦慮，成功與危險的結局同時閃現在腦海，使人如坐針氈。在這關鍵的時刻，人們便想到用某種儀式，以獲得神明庇佑。

婚事同樣如此，婚後的第一次交合對他們而言十分重要，事先更需要用某種儀式保護。在這裡，人們既有對新奇的希冀，又有對流血的恐懼，而這兩個方面並不會相互抵消，反而會相互強化的，使這第一次性交成為人生旅途中的一大難關，而若要衝破它還需要流血，就更使這種「期待的緊張」有增無減。

第三種解釋則如克勞雷所說，認為處女的禁忌乃是整個性生活禁忌的一部分。不僅女人的初次性交受到禁忌，而且幾乎所有性交都受禁忌，我們或許可以說，整個女人都受禁忌。我們這樣說，並不是指女性生活中總是充滿著特別需要避諱的時刻，如經期、孕期；而是說女性的性生活被限制，且每次性交都受到嚴格的多重限制。

因此我們有足夠的理由懷疑野蠻人性自由的說法，雖然原始人偶爾也會無視這些禁忌，但絕大多數情況下，他們比文明程度更高的人受到更嚴格的限制。例如：當男人需要做一件大事時，如出遠門、狩獵或出征，他們必須遠離女人，尤其不能與她們性交，否則他們將因精力衰竭而給自己帶來厄運；

在日常生活中，也有遠離異性的趨向，女人與女人住在一起，男人與男人住在一起。許多原始部落根本不存在今天意義上的家庭，甚至連呼喊異性的名字都不允許，於是女人們便發展出自己的特殊詞彙。當然，性需要會不時衝破這種屏障；既然如此，在一些部落中，甚至丈夫與妻子也要在戶外某個祕密的地方交合。

每當原始人設立一種禁忌，就代表著一種恐懼；而毫無疑問，上面提到的所有規則和逃避女人的形式，顯然都是恐懼的結果。這種恐懼建立在這樣的事實上：即女人與男人不同，她們總是奇異怪誕的，也必然是充滿敵意的。男人害怕自己的力量會被女人吸走，他們擔心自己會被女人感染而具有女性的特徵，最後成為一個廢人。他們親身體驗到性交後情緒突然低落，周身軟弱無力，這可能是男人恐懼女人的原始狀態；再加上現實生活中，女人往往用性關係來支配男人，就更加深了這種恐懼。上述的種種心理，並未在我們文明社會中絕跡，而仍活躍在每個男人的心靈深處。

如果我們繼續討論下去，似乎離本題更遠了。對於女人的一般禁忌，並不能使我們完全明白：為什麼要特別限制處女的第一次性行為。就此而言，我們還是無法離開前兩種解釋——畏懼流血和對新奇事物的恐懼；即使如此，我們仍未觸及這類禁忌儀式的要害——顯而易見，隱藏在這一禁忌背後的意圖是：拒絕與未來丈夫第一次性交有關的事情。

我在《圖騰與禁忌》一書中，已經討論了一般性禁忌儀式的起源與意義——凡禁忌必涉及一種矛盾情感。至於禁忌的起源，來自史前人類某一次建立家庭制度的大事件；但從現存的原始部落的儀式中，我們已無法辨認這種禁忌的原始意義。如果我們想從這些部落人身上看到與祖先絲毫不差的影子，就會犯嚴重的錯誤，因為即使是原始部落，也經歷了無數次滄海桑田，其發展路線雖與文明人有所不同，卻不見得有多單純。今天我們已經發現：原始人的禁忌已發展成了一種複雜系統，如同精神官能症者在恐懼症中表現的那樣；同時，我們也發現：禁忌的原始動機已被新動機替代，以便與新環境相和諧。

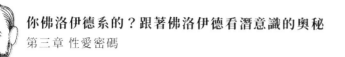

撤開這些起源性問題不談，回到原始的起點：當原始人懼怕一種危險時，他們就會建立起一種禁忌。總體上說來，他們所懼怕的是精神上，而非實際的危險，原始人並不會嚴格的區分，因為他們根本分不清兩者的差別。在萬物有靈論的支配下，他們認為：任何危險都是有靈者的惡意使然；但另一方面，他們又習慣於將內心的敵視投射到外部世界，也就是說，指向不喜歡或不熟悉的對象——如此，女人便被視作危險之源。

於是，與女人的第一次性交成了具有特殊強度的危險。我相信，如果我們進一步分析今日文明女人的行為，我們多少會清楚這種強烈的危險是什麼，以及它如何威脅到未來的丈夫。對這種研究的結果，我可以預先聲明：分析證明，這種危險的確存在。由此可知，原始人的禁忌並非無的放矢，這種社會風俗的確為他們排除了一種精神上的危機。

一般來說，女人在達到性高潮時，雙手總是緊緊地抱住男人，這似乎是一種感恩的表示，表示自己永遠屬於這個男人；然而我們也知道，女孩的初次性交並非如此美好，她興奮不起來，她感覺不到滿足，她失望極了。一般要經過很長時間和多次性行為後，女孩才會從性交中獲得滿足。就女人而言，情形未必相同，有些性冷淡又是暫時的，不久就會消失；有的卻是永久頑固的，無論丈夫如何溫柔都無濟於事。我相信，對女人的這種性冷淡仍缺乏足夠的認識，如果這種性冷淡不是由於丈夫的性無能，那就需要綜合性的研究闡釋。

女人常常逃避第一次性行為，但我並不想從這裡找到突破口，因為這可以有多種解釋，更何況還能解釋為一般女性「潔身自好」的表現；而假如從某些病態案例下手，能更容易解開女人性冷淡之謎。有些女人在第一次性交後，甚至每一次性交後，都毫不掩飾對丈夫的敵意、惡言相向，甚至百般威脅、拳打腳踢。

我曾分析過這樣一個患者：雖然這位女士深愛丈夫，常主動求歡，也能獲得充分的滿足，但事後卻總忍不住憎恨丈夫。我認為：這種奇怪、矛盾的反應，應是性冷淡的一個變形。而它與一般女人的性冷淡不同之處，在於一般女人純粹是一種性冷淡，她們心中那股憎恨的力量不自覺地壓抑著她們對

性愛的激情，但從未公開表示過；這位病態的女人卻將愛與恨分得十分清楚，並且按時間先後將矛盾的兩方表現出來。既然破壞女人童貞必會引起她的長期敵視，她未來的丈夫自然不想成為她童貞的破壞者。

分析使我們毫無困難地認為：這種矛盾的性表現是由女人的某種衝動造成的，而我認為也能用它解釋性冷淡問題。第一次性交往往會激起許多不屬於女人本性的激情，而其中某些激情在之後的性交中再也不會出現；最能引起我們注意的，當然是女人遭受「失貞」的痛苦，或許有人認為憑此因素就足夠了，但事實並非如此簡單。僅僅肉體的痛苦無法造成如此嚴重的後果，而在這種肉體痛苦背後，還有「自戀」心理受到衝擊後的心靈創傷。這種痛苦常表現為女人失去高貴的童貞後，哀怨惆悵的情緒。

然而，從原始民族的祭奠儀式中還可以看出另一種東西，而這些東西讓我們認識到，這種痛苦並不那麼重要。我們知道原始人的儀式分為兩個階段：先是弄破處女膜，之後才是正式的性交，但性對象都不是自己的丈夫。由此可知，這種禁忌儀式的目的，不僅僅是要避免新婚之夜肉體和精神的痛苦，丈夫真正要避免的另有它物。

我們認為：影響這一禁忌最重要因素，需要到心理深層——即到欲力自身的發展進程中尋找。精神分析的研究已表明：人們的欲力總是強烈地附著在原始的對象上，兒童時代的性目標始終不會消失。對女人來說，她的欲力最初固置在父親身上（或接替父親的兄長身上），但這種迷戀通常不直接指向交合，最嚴重的情況下，也只不過把性交作為一個模糊知覺到的目標。如此，丈夫只能成為這原始目標的替身，而非她真正的愛戀對象，她的戀情永遠指向別人。在典型的情況下，是指向父親，丈夫充其量是第二人選。而丈夫能否得到滿足，或是否會遭到她的冷落，完全依固置力量的強弱和持續性而定。

也就是說，導致性冷淡的最終原因，與形成心理症的原因是相同的。當然，在一個女人的性生活中，其愈理智，欲力就越能抵抗第一次性交帶來的震驚，也越容易抵抗男人占有她的身體。這種女人在心理上被壓制，性冷淡

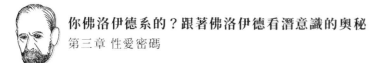

代之而起；而如果這種女人，恰好遇上一個性無能的男人，那麼性冷淡就會更加嚴重，甚至誘發其他心理症狀。

原始人的習俗似乎考慮到了這種早期性的願望動機，於是往往讓那些能作為父親替身的老者、僧侶或其他賢達之士，擔負破壞處女膜的職責；而在我看來，那備受指責的中世紀領主「初夜權」，似乎直接承襲而來。斯托福有過類似的見解，他還進一步揭示了這樣一個事實：那十分普通的，所謂「托白亞之夜」的習俗裡，第一次交合的特權，常常只有父輩才能享有。這與榮格的調查是相符的，按照這些調查，在許多民族中，往往由那種代表父親意象的神之雕像，來完成初次交合的使命；在印度的一些地區，女人的處女膜被迫獻給一個木製、類似男性生殖器的神像。據奧古斯丁所言，這一習俗也存在於古羅馬的婚禮，只有些微的不同：新娘只需在那被稱為普里亞普斯神的巨大陽具上坐一下便可以了。

從更深層的意義上講，還有其他動機影響著女人對男人的性冷淡——即初次性交激起了女人的其他衝動，而這些衝動可以說是長期存在，且完全與女人的角色相悖。

透過分析許多女性精神官能症患者，我們發現：在早期她們曾豔羨其兄弟的男性生殖器，並因自己不具有它而感到自卑與羞辱（其實，並不是缺少，而是比較小一些）。我們將這種「陰莖嫉羨」視為「閹割情結」的一部分。如果說在這種嫉羨中包含了一種「希望成為男性」的含義，「閹割情結」包含的就是「男性發出的抗議」。在這一時期，女孩經常公開表露自己的這種羨慕，隨之產生一種嫉妒情，她們甚至學兄弟站著小便，以證明自己與他們相同。在前述的例子中，即女人在性交後總是無法控制對丈夫的攻擊性，但她又深愛她的丈夫。經過分析之後我得知：原來她在對象確定之前，一直都陷在這種嫉妒狀態之中。在正常狀態下，小女孩會漸漸將欲力轉移到父親身上，這之後她所希望得到的不再是陰莖，而是生一個小孩。

在某些個別例子裡也可能顛倒過來，「閹割情結」在對象選擇後才起作用，其實這並不奇怪。女子在其「雄性期」裡對男孩子陰莖的羨慕，並不是一種「對象之愛」，而是一種十分原始的自戀。不久前，我有幸分析一位新

婚婦女的夢，這個夢是對其童貞喪失的反應，同時暴露出了她的願望——閹割年輕的丈夫，並把他的陰莖安在自己身上。當然，將其解釋為幼年慾望的延續並無不可；然而，夢的一些細節，揭示出一種超越常態的反應。這個夢的性質以及做夢者以後的舉止，都預示著這一婚姻注定悲劇的結局。

我們還是回過頭來討論「陽具嫉羨」吧，女人敵視男人的矛盾傾向，多少與兩性關係有關，這可以在女人的奮鬥，以及那些表現「解放了」的女人相關作品中明顯看出來。弗倫克茲從生物學的角度，追溯了女人敵意的起源，認為這種敵意在兩性初分時便已存在。他堅信：交媾最先發生在兩個相似的個體之間，而後一方便強盛起來，迫使弱者臣服於這種兩性關係。而這種臣服的不情願傾向，正是今天女人性冷淡的原因之一。而我認為若不誇大這種說法的價值，這種說法也沒有什麼不好的地方。

對於女人初次性交時那種矛盾反應，我們已詳細的探討。總的說來，可以概括為：處女因為性心理尚未成熟，所以對要發生第一次性關係的男人，就會覺得難以忍受。如此一來，處女的禁忌倒成了人類高度智慧的結晶，因為這個禁律注定要使與她共同生活的男人避免這些危險。在文明的較高階段上，由於種種複雜的原因，人們十分重視女人「性臣服」之後帶來的好處，因而不再躲避這種危險，女人的童貞便成了男人不願放棄的財產；然而，關於問題婚姻的研究告訴我們：女人對破貞的報復動機，即使在文明婦女的心理生活中也未完全消失。我想下列情形不能不令觀察者感到驚奇：許多女人在第一次婚姻中會性冷淡，且不幸福；然而，在離異後卻變得溫情脈脈，極力使第二個丈夫幸福——毫無疑問，原先的不良反應已隨第一次結合的結束而消失了。

撇開這一點不談，對處女的禁忌在文明社會也未徹底消亡，這是眾所皆知的事實，而作家也不時地以此素材創作：安澤魯波曾寫過一部喜劇，敘說一個單純的農村青年，因擔心自己的生命被吞噬掉，不願與所愛的人結婚，但同意她嫁給別人；直到她成為寡婦不再有危險時，才肯娶她。這部喜劇的名字為《處女之毒》，這使我想起了馴蛇的習慣：為避免危險，先讓毒蛇咬住一塊布。

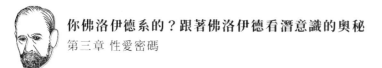

在海拜爾的悲劇《朱迪斯和赫羅弗尼斯》中，對處女的禁忌及動機作了最有力的描述：朱迪斯是一位受到禁忌保護的處女，她的丈夫在新婚之夜的焦慮，最終引發了恐懼，從此再也不敢碰她。她這樣說：「我的美，猶如顛茄，誰若享用它，不死即瘋。」當亞述將軍占領朱迪斯所在的城池時，她便設法以美貌誘惑他，將他置於死地；而很明顯，她在愛國面具下潛藏著性的欲求。在這位勇猛魯莽的將軍強暴了她後，她便憤怒地砍掉了他的頭，成了人民的救星。

按照心理分析：砍頭象徵著閹割，因此這一行為象徵著朱迪斯閹割了姦污她童貞的男人，正如那位新婚少婦在夢中做的那樣。海拜爾用一種極美妙的語言，為《偽經》中這種愛國行為染上一層濃厚的性色彩。在《偽經》的記載裡，朱迪斯回城時誇口自己清白如初，而即使查遍偽經，也找不到任何關於她怪誕婚姻的記載。而海拜爾可能是以詩人特有的敏感，看穿了經文有意造作，重新揭示出故事背後隱藏的內涵。

薩德格爾對此作過深入的分析：他認為海拜爾之所以選擇這一素材，乃是由於他的「雙親情結」所致。由於詩人在童年期兩性傾向的掙扎中總是傾向於女性，自然能理解女性心中最深層的隱祕。薩德格爾還引用了詩人自述的動機，說明為何對這一故事作了改編，因為他發現故事本身是浮淺的、虛飾的，意在為潛意識中的動機尋找藉口；聖經中僅僅提到朱迪斯是個寡婦，薩德格爾何以使她成為了保持童貞的少女，他也有這樣一段解釋：「這裡的動機原在於詩人那童年式的幻想，意在否定父母間的性關係，所以母親變成了保持童貞的少女。」對於這種分析，我想再補充一點：詩人既然已確定主角是一個處女，他的幻想便深入到，處女膜一旦破裂後可能產生的憤恨，從而使他在這一方面做了不少文章。

因此，我們或許做出這樣的結論：作為文明的結果，女人的破貞不僅意味著永久地屈從於一個男人，而且還產生了對男人的原始敵視反應。這種敵視反應可轉為一種病態形式，使得抑制婚姻的性生活。這就是為何第二次婚姻遠比第一次美好的原因，使我們感到奇怪的處女禁忌，即原始人使丈夫避免破貞的行為，完全可用這種敵視反應解釋。

　　有趣的是，精神分析者竟遇到了這樣的女人——當中存在著屈從與敵視兩種相反的反應，且能保持兩者間的密切關係。這樣的女人，一方面似乎很愛丈夫，另一方面又想努力擺脫丈夫；而當她們試圖去愛別的男人時，第一個丈夫的意象（雖然該女人已不再愛他）卻常常抑制她。精神分析告訴我們：這樣的女人事實上仍屈從於第一個丈夫，只不過已不是情感之愛，她們之所以無法擺脫，只是因為尚未徹底報復，但即使在極端的例子中，這種報復衝動也沒有被自本人意識到。

▌自戀的產生

按語：

本文僅是佛洛伊德關於自戀問題專論的一小部分，旨在說明自戀的起源，佛洛伊德以欲力為研究基礎，從精神分析的角度指出——自戀的原因，是由於心理能量的集中，即欲力從外部世界的人和物撤回，並轉向自我，從而產生自戀。

自戀，由臨床描述引申而來，於一八九九年首次被納克使用，指個體像對待性對象一樣，對待自體的一種態度。自戀者自我欣賞、自我撫摸、自我玩弄，直至獲得徹底的滿足。達到這種程度後，因為個體全部的性生活被它占有，自戀就具有了我們所研究的性變態特點。

觀察的結果常令精神分析者震驚：許多具有自戀態度的人還碰到了其他障礙，比如賽哲所指出的同性戀；此外，自戀應得到的欲力或許有更廣泛的表現，它或許會在人類正常的性發展中為自己保留一席之地。精神分析在精神官能症者的困難中，做出了同樣的假設，因為這種自戀態度似乎可以促使自戀者不易受到外界影響。就此而言，自戀不會是性變態，而是由自我中心補充的自我保護本能，適於所有生物體。

如果我們將「早發性痴呆」（克勒佩林）或「精神分裂症」（布洛伊勒）納入欲力理論的假設中（譯註：參閱作者《性學三論》中的「欲力理論」），我們就會有迫切的動機研究原生與正常自戀概念。被稱為「偏執狂」的病人，表現出兩個基本特徵：妄自尊大，和轉移對外部世界的興趣——對人與物的興趣；而由於這後一原因，使精神分析難以影響他們，治療的努力皆付之東流。

不過，對偏執狂者轉移外部世界的興趣，需要做更精確的描述；同樣，歇斯底里症患者或強迫症患者，也會視其病情放棄與現實的關係。分析表明：他們絕不會中斷與人、物的性慾關係，並在幻想中保持這種關係，要麼用記憶中想像的東西代替現實客體，要麼把想像的東西與現實的客體相混淆；另一方面，他放棄運動神經的初始活動，而試圖與其他客體建立聯繫。在欲力

的這種情形下，我們也許才能合乎邏輯地使用被榮格混用的「欲力內向」，否則就會是「偏執狂」。病人似乎撤回外部世界的欲力，而在幻想中又不以他物替代，整個過程就變成第二位的，並成了試圖恢復的一部分——將欲力帶回到客體。

如此，新問題又出現了：在精神分裂症中，從外部客體撤回的欲力又會發生什麼變化？這些情形中，妄自尊大的特徵為我們指點了迷津。毫無疑問，妄自尊大是以犧牲「對象欲力」為前提的，因為外部世界撤回的欲力轉向了自我，遂產生了自戀的態度；然而，妄自尊大全無創新可言，相反，它只是加強了原本即存在的條件。這使我們把從「對象專注」中撤回的自戀，看作一個「繼發過程」，並在此之上疊置著許多不同的影響。

請允許我申明：在此我並不試圖深入探討精神分裂症的問題，僅僅是把已經表述的觀點集中起來，以解釋自戀的產生。

在我看來，這種欲力理論合乎邏輯的擴展，還受到了第三種資料的支持，即我們對兒童與原始人心理的觀察。我們可以把原始人的特徵概括為一個方面：妄自尊大。原始人高估自己的願望與心理能量、認為自己思想是全能的、相信語句的魔力、具有對付外界世界的技巧——「魔術」，妄自尊大就像是這些浮誇前提的應用。今日兒童的發展更令我們費解（我在《圖騰與禁忌》的第三篇論文中，專門討論了這一問題），我們期望發現兒童與原始人完全類似的態度，於是形成了關於自我的原欲專注觀念，由此一部分原欲指向客體並堅持下去，自戀與「對象專注」的關係，猶如身體中的變形蟲與其伸出偽足的關係。由我們的研究可以看出，作為精神官能症症狀的起點，欲力的分配對我們而言是隱蔽的。我們所注意到的僅是欲力的發散——對象專注，既可發現，又可收回。廣泛的說，我們同樣看到了「自我欲力」與「對象欲力」之間的對立，一方面用得越多，另一方面則用得越少。

對象欲力發展的最高程度可以在愛情中看到：為了對象專注，個體似乎放棄了自己的人格。同樣，偏執狂關於「世界末日」的幻想或「自我知覺」，則是相反的情形。最後，考慮到心理能量的分化，我們可以初步得出這樣的

結論：在自戀的情形中，心理能量本是集中的。正如我們前面所說——欲力從外部世界的人和物撤回，並轉向自我，從而產生自戀的態度。

▍性道德和現代人的不安

按語：

　　本文是佛洛伊德泛性論文化觀的代表作。它集中論述了現代社會性道德與文化的關係，強調性因素是現代社會文化危機、人生焦慮與精神官能症的主要根源，抨擊了現代社會的性道德觀，並提出了改善文明、發展文藝的性本能昇華作用說。

　　在埃倫費斯最近出版的《性倫理學》中，作者對「自然的」和「文明的」性道德作了區分。在他看來，「自然的」性道德指人類永久保持健康與效能的能力，而「文明的」性道德旨在促使人類更加辛勤地從事文化活動。他認為只要比較一下人的內在特徵與文化成就，兩者的差異就可以得到很好的說明。在對這一思想做延伸思考時，我會向讀者引用作者書中的觀點，而這些引用僅僅作為對該問題研究的起點。

　　可以設想，當「文明的」性道德占主導地位時，會損害個體的健康和效能，而這種以犧牲自我為代價的損害，若達到一定程度，最終導致文化的目的也受到損害。埃倫費斯確切地指出這種性道德一系列後果，而在西方占主導地位的這種性道德，無疑應對這些惡果負責。雖然他也充分承認這種性道德對推進文明的巨大作用，但他同時也論證了改革的需要。

　　在他看來，「文明的」性道德的特徵，表現為往昔僅對女性的要求，擴大到了男性的性生活中。除了在一夫一妻制的婚姻當中，所有的性生活都要被禁止；然而，考慮兩性間的天性差異，男性的偶爾偷歡卻只受到了較輕的懲罰，導致了實際上男性的雙重道德標準。一個接受了這種雙重標準的社會，怎麼能對「真理、誠實與人道」產生熱愛呢？若超過了一定限度，必使人變得偽善，對錯誤麻木不仁、自欺欺人。不僅如此，「文明的」性道德在炫耀一夫一妻制的同時，也損傷了性的選擇；其實，在文明人之間，由於人道與衛生的考慮，性選擇已降至很低數字，而性選擇本身足以改進個體內在的結構。

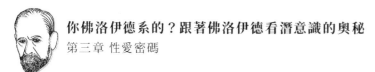
在「文明的」性道德所帶來的惡果中，埃倫費斯醫生忽視了一點，而我們即要討論它的意義——即性道德加速了現代人的神經質或緊張不安，而這種現象在現今的社會蔓延得非常迅速。有時一個精神官能症患者會提醒醫生，注意引發病症的個體現狀與文明要求間的衝突。他們說：「我們家所有的人都變得神經質了，因為我們總想使自己過得更好，也不管自己有沒有能力達到。」

醫生們也常發現，精神病往往會尋上這樣的人：這種人的父輩曾過著簡單健康的田園生活，但當他們來到大都市，並在事業上獲得成功後，就開始想培養自己的孩子，希望能在極短的時間內，將孩子的文化造詣提到非常高的水平。但最重要的是，精神科的專家們在大聲疾呼：「精神病人的日益增加，與現代文明生活有著不可分割的關係。」

關於這種關係，我們要引用一些著名觀察者的陳述作為證據。

W·艾爾說：「對於不斷增加的神經質問題，只要隨意掃描一下現代生活的特徵，就能給予毫無遲疑的肯定。」

「只要看下述事實，事情便會很清楚：現代生活的出色成就、各個領域的發現與發明、為求進步而日趨增加的競爭，均需付出極大的努力才能保持。在這種生存競爭中，對個人能力的要求大大增加了，個人只能付出全部的心理能量，才能勉強達到。與此同時，所有階層的需求及對生活的享樂需求都在增加，空前的奢侈蔓延到了整個社會，這在過去是可望不可及的事情。漠視宗教、不易滿足和貪得無厭，充斥於社會的每一個角落，遍布全球的電報與電話網，讓傳播系統驚人地擴展，並徹底改變了商貿條件。一切都變得匆忙與狂躁。人們晚上旅遊，白天經商，即使是『假日旅行』也令神經系統緊張。嚴重的政治、工業與經濟危機，引起了空前廣泛的躁動。人人都過問政治，而政治、宗教與社會鬥爭，政黨、競選及工聯主義的恣意滋蔓，令人心緒紛亂，永遠得不到歇息，就連娛樂、睡眠與休息都不得安寧。城市生活愈發繁冗焦躁，疲憊的神經試圖透過增加刺激、陶醉愉悅復原，結果卻導致了更大的衰竭。現代文學不厭其煩地關注引起公眾激情的話題，這只能激勵縱慾、造成追逐的快樂、蔑視基本倫理原則及各種理想，呈現於讀者面前的往往是

病態的行為、病態的人物，把有關革命、反叛的種種古怪話題塞進人們的腦海裡。強烈的噪音、不和諧的音樂震耳欲聾；劇場裡令人激動的表演征服了人們所有的感官；造形藝術對那些令人作嘔的、醜陋的、富有暗示性的內容情有獨鍾，並將現實中最令人驚恐的現象，毫不掩飾地呈現在人們面前。」

「這樣一幅簡略的圖畫，已足以展示出現代文化變遷的種種危機，至於其細節部分，稍稍思考就能想像到。」

賓斯萬格說：「神經衰弱被描述為一種現代病。比爾德作為第一個闡釋該病的人，認為這種新的精神病特別容易在美國產生，當然這種假設並不正確。但既然是一位美國醫生首先發現，並描述了該病的特徵，顯然這是建立在廣泛的經驗之上的。它毫無疑問地表明：神經衰弱與現代生活之間有著極為密切的關係——貪婪的金錢追求、放縱的占有慾望、技術領域的巨大發展，已使人們的交流打破了空間與時間的限制。」

理查德·克拉夫特·埃賓說：「今天，在無數文明人的生活方式中充盈著大量的不衛生因素，這些有害的因素最直接、最嚴重地影響大腦，難怪精神病患者的數量會令人悲哀地加速增長。在過去的十年中，政治與社會，尤其是商業、工業和農業的改變，帶來了職業、社會地位與財產的巨大變化。而這一切均以犧牲自己精神系統的健康為代價，人們必須付出更大的能量，以滿足日益增長的社會與經濟需求，而復原的機會卻是微乎其微。」

在我看來，諸如此類意見並沒有什麼問題，只是仍沒有詳述這種神經質的具體情況，且遺漏了最重要的病因解釋。如果忽略神經質的不確定形式，而考慮精神病患者的具體表現，我們就會發現：正是「文明的」性道德對性生活的壓制，導致了文明人產生精神官能症。

對上述觀點的證明，我已在以往一系列論文中詳述，便不再贅述；當然，我在研究中得到的那些重要論據，在此仍要提到。

臨床觀察使我們區分出兩種精神疾病：神經衰弱和精神官能症。前者的症狀，不管是身體或心理的，本質上都是一種中毒現象，類似於神經毒素的過剩或缺乏，其發病原因絕無遺傳的因素，而往往是性生活失調而造成的惡

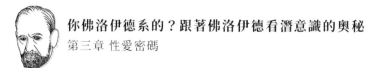
果。這種發病形式與毒性間的確有著密切關係，多半情況下，僅憑對這種病臨床症狀的觀察，就可以推知其性生活是如何失調；換言之，我們前面所引證，關於文明的種種有害影響，在剛才所提到的神經衰弱中卻無半點蛛絲馬跡。因此大體上可以說，造成這種真正的神經性疾病的原因，主要是性方面的因素。

而精神官能症，與遺傳的關係較為明顯，但病因尚不十分明確。不過精神分析作為一種特殊的研究方法，使我們認識到，這些疾病（歇斯底里症、強迫症等）均是心因性的，源於潛意識（壓抑的）活動中各種觀念化的情結。這種方法同樣使我們知道：一般而言，這些潛意識情緒的內容，源於未被滿足的性需要，代表著一種替代性滿足。因此我們必須把一切傷害性生活、壓抑性活動、改變性對象的因素，皆視為精神官能症的病因。

當然，關於精神官能症中毒性與心因性的理論區分，也不否認以下的事實，即大部分精神官能症患者都源於兩方面的原因。每一個同意我的觀點，從而把性生活的不滿足當作神經疾患的人，都會同意我對這一問題作進一步的分析。下面我將在更廣泛的範圍內探討神經疾患何以會在現代生活中會不斷增多的問題。

總體來說，我們的文明建立於對本能的壓制基礎上。每一個人都必須做出一定的犧牲，如人格中的權利慾、進攻性及仇恨性，文明才得以產生——物質財富和精神財富的共享。促使個人做出這種犧牲的主要原因，是家庭的情感（連同它的性根源）大大凌駕於生存競爭上的結果。在文明的進展中，這種放棄是循序漸進的，並且一步步被宗教神聖化。個人犧牲本能的滿足，將之奉獻於神明，得到的公眾利益則被宣布為「神聖的」。那些本能衝動十分強烈、無法壓抑的人，便無法適應社會的要求，最終變成一個罪犯，除非他的社會地位或特殊才能，能向世人證實他是一個偉大的人物。

性本能，或者更確切地說，性的各種本能（心理分析的研究告訴我們，性本能中包含著許多的衝動），在人類身上比絕大多數動物身上強大得多，也持續得更久，已經完全踰越了動物的那種週期性限制。它巨大的能量用於

文明活動，而在實現這一目標時，物質強度仍然保持了下來——這種將原來的性目標，轉移到另一個不具性特徵的目標上的能力，叫做「昇華」。

與昇華的文明價值相對應，性本能還會出現頑固的固置傾向，這種傾向使得它寧可退化、變態，也不願意改道。性本能的強度在個體間存在差異，故昇華的多寡也不盡相同，似乎是個體先天的特性，決定了性本能昇華的比例。此外，環境的力量和知識影響心理器官，強化了性本能的昇華。然而，正如發動機器時，熱能不可能完全轉化為動力一樣，性本能轉移的成分也不能無限制地增加，不管做出多大努力也是如此。大部分器官都不可或缺一定程度的直接性滿足，否則就會傷害個人的生活能力，帶來無限的痛苦，甚至成為病態。

如果考慮到，人類的性本能並不僅僅為了生育，而且還為了獲得某種快感，我們便能從一個更廣闊的視野去觀察這個問題。這可以從嬰兒的活動中得到證明：嬰兒期，不僅透過性器官獲得快感，而且透過身體的其他部位（性感帶），並且不指向任何客體，我們將這一階段稱做「自體性慾」期。在我們看來，應現制孩子的這一行為，否則持續下去會難以駕馭性本能，甚至變得毫無用處。隨著性本能的發展，它會從自體性慾走向「對象戀」，從性感帶的獨立存在，到由生殖器主導，此時才具有了生育的功能。在這個發展的過程中，那種自體引發性興奮的方式被壓抑了，因為它與生育功能無太大的關係，故它們便被昇華。也就是說，文化發展的動力，絕大部分是從壓抑性興奮中所謂的「錯亂」成分獲得。

與性本能的發展過程相對應，整個文明的發展也可以分為三個時期：第一時期，所有不導致生育的性行為，能夠自由進行；第二時期，除了能生育的性行為外，其他均被壓制；第三時期，只有「合法的」生育，才能作為性目標。我們目前所流行的性道德，便是第三個時期的代表。

在這三個時期中，如果將第二時期視為性道德的標準，我們必須承認，仍有一部分人由於生理結構的原因，仍不能適應要求。如上所述，性本能應從自體性慾到對象之戀，再到性器官的結合，但尚無一人已正確、充分地完

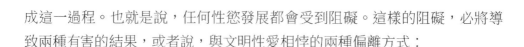
成這一過程。也就是說，任何性慾發展都會受到阻礙。這樣的阻礙，必將導致兩種有害的結果，或者說，與文明性愛相悖的兩種偏離方式：

其一，是產生各種性反常（將性本能過剩和難以自制者排除在外），將性慾固置於嬰兒水平，從而影響了生育功能；其二，是同性戀（專指對異性毫無性慾的同性戀者），其性目標竟令人不解地離開異性。那麼，為何這兩種發展障礙導致的性變態者，並不如預期的多？這是由於性本能的發展，並非毫無變通，它有一種極為複雜的自我調節能力，即使性本能中一種或多種成分在發展中受阻，性生活也會以其他種形式表現。而那些天生的同性戀者，往往會因其性功能，而成功地昇華為「文明的」，成為傑出的人物。

當然，如果性反常與同性戀，強烈到占據了全部性慾，就會導致嚴重的後果，便會被社會視為無用之輩，得不到快樂幸福。我們必須承認，即使在文明的第二時期，也會有一部分人因不能滿足文化需求，受盡苦難。這些異於常人的人，其命運將因性本能強度的不同而相異。幸好大多數性反常者的性衝動並不那麼強烈，所以能成功地壓制這些傾向，不至於在這一階段上與「文明的」性道德正面衝突；然而，可想而知的是，即使在最理想的情況下，他們也不能達到很高的成就，因為他們在抑制性本能時已耗盡了全部的精力，故無法對文明有所建樹。下面我們將要說到，那些在文化發展的第三時期中實施禁慾的人，而他們會走上一樣的末路。

當一個人的性本能強烈而變態，他便面臨著兩種結果：第一種不再多述，這種人將無視文明標準，繼續變態下去；第二種則更為有趣，在教育和社會的要求下，這種人將壓制自己的變態本能；然而，這種壓抑已不能稱為壓制，最好將其描述為失敗的壓制──被壓制的性本能雖已無外顯的行為，但卻用其他的方式表現出來。

這還不如不壓制，因為它對個體產生的傷害，使該類人對社會來說形同虛設。以長遠的意義來看，短暫的成功將被失敗取代，壓制的結果是替代現象，即精神疾患，更確切地說，就是患上精神官能症。精神官能症患者是一群天生的逆反者，在文化的要求下只好對本能「明顯」的壓制，卻以失敗告終。為滿足文化要求，他們必須付出極大的代價，這使他們內心空虛，絕大

部分時間都被病魔栓梏。我們常把這種精神官能症，稱為性反常的「消極面」，因為患者的性反常傾向雖已被壓制，卻又從心靈的潛意識表現出來，而這種潛抑傾向與明顯的性反常表現其實是相同的。

經驗表明：對於大多數人而言，假如他們的稟賦超出一定的限度，便難以滿足文明的要求。因此，凡是那些苛求自己，為自己訂下更高標準，以至超出其本性允許限度的人，很容易變成精神官能症患者；而如果他們能容忍一些自己的「不完美」，相對就會比較健康。觀察家族中的一代人，常常印證了性反常與精神官能症的正負關係。比如，若哥哥是性反常者，那其妹妹往往是精神官能症患者，儘管作為女人，她的性本能較弱，她卻常常表現出一種，與性衝動較強的哥哥相同的傾向。所以在許多家庭裡，男人是健康的，然而從社會觀點上看，他們卻是不顧羞恥的道德敗類；同一家庭中的女人高貴而優雅，不幸的是十分神經質。文明的標準要求每個人要有相同的性生活方式，這是明顯的社會不公正現象之一。事實上，由於天性的原因，有些人可以輕而易舉地適應社會要求，有些人則須付出巨大的心理犧牲；不過，由於道德規範時常被冒犯，其嚴重性也就不那麼明顯了。

以上所述的種種情形，均是針對文明第二時期的要求，在這一時期內任何反常的性行為都受到禁止，但正常的性交卻可以隨心所欲。我們發現，即使對性自由與性禁忌做如此劃分，仍有許多人會被斥為性反常；另一群人雖努力掙脫這種反常傾向，卻成了精神官能症者。

如此，我們便不難預測：如果性自由受到更多的限制，文明的要求提高到第三時期，即婚姻外的任何性行為均被禁止，情形又將如何？

在文明的第三時期，因衝動較強，公開反抗文明要求的人會急遽增加；同樣，那些衝動較弱的人，一方面承受文化壓力，一方面又要抵抗本能衝動，這種衝動也會急速增加精神官能症患者。

這樣一來，我們必須回答以下三個問題：

一、在文明第三時期的要求下，個人要承擔什麼樣的重負？

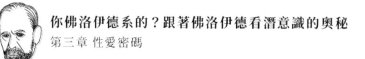

二、在禁絕其他種種性行為後，唯一合法性生活帶來的滿足，能否提供足夠的補償？

三、是否因為這種禁慾危害了個人，才對文化有益？

要回答第一問題，就不可避免地涉及已廣泛爭論的禁慾問題。文明的第三時期，要求男女兩性婚前都要禁慾，獨身者就要終身禁慾。所有權威人士均認為，禁慾並沒有害處，也不難做到，連醫生也普遍支持這一觀點；但可以斷定，要控制性本能這樣強烈的衝動，只怕即使一個人耗盡精力，也難以辦到，這只有極少數人能依靠昇華實現，即將性本能從性目標移至更高級的文化目標，而昇華在熾熱強盛的青春期非常困難。至於其他人，要麼是犯罪，要麼患上精神官能症。

經驗表明：社會上多數人的天性不適於禁慾。在今日「文明的」性道德的要求下，輕微的禁慾就足以使一些人患病，甚至患嚴重的病。我們都知道，如果正常的性生活因先天缺陷、發展障礙受到威脅，最好的補救辦法莫過於性滿足本身。一個人越容易患精神官能症，要求他禁慾就越不可原諒，因為構成性慾的衝動越被阻礙，就越無法準確控制。即使那些能忍受第二時期特殊道德限制的人，也會在第三時期患上精神官能症。性滿足的機會越少，它在人們心目中的價值就越高，受挫折的欲力隨時都在尋找發洩的管道，最終由替代對象求得病態的滿足，由此形成病狀。每一個深知精神官能症的人都相信：當代社會中，精神官能症患者的人數之所以猛增，完全是因為社會對性本能更趨嚴格的限制。

我們現在進入第三個問題，即合法婚姻的性交，能否補償婚前性生活的限制？大量材料顯示，對此問題只能做出否定的回答，在此我們僅做最簡短的總結。

首先需要注意的是，文明的性道德甚至也限制婚後的性生活，因為夫妻僅用少數利於生育的動作相互滿足；其結果是，令人滿意的性交只有幾年，同時，我們還不得不扣除考慮妻子健康而節慾的時間。如果婚姻必須能滿足性需求，那三年、四年或五年以後，婚姻也就等於失敗了，因為節育破壞了性快樂，傷害了夫妻間美好的情感，甚至導致疾病。對性交結果的恐懼，首

先使夫妻喪失身體的柔情，其次是心理情感的隔閡，原先激情似火的愛已蕩然無存。精神上的失望與被剝奪的肉體滿足，使大部分夫妻又回到了婚前的狀況，甚至連婚前那些美好的幻覺也沒有了，他們必須堅強的重新駕馭、轉移性本能。

我們無需追問一個成年男人會節制到何種程度，經驗表明，即使在最嚴格的性戒律前，他們也會暗暗利用性自由的便利，放縱自己。這種對男人的雙重道德標準，讓社會也認為，清規戒律對男人是難以奏效的。經驗同樣也昭示，擔負繁衍責任的女性只能很少的昇華性本能，雖然在嬰兒吮吸時她等於找到了充分的替代對象，但待孩子長大後替代便不復存在了。我們一再聲明，婚姻幻滅會使女性患嚴重的精神官能症，使她們終生蒙上陰影。

當今文化下的婚姻，早已不再是根治女性精神疾病的靈丹妙藥。雖然，身為醫生的我們仍會勸女孩子結婚，但我們深深懂得，只有那些相當健康的女孩，才能忍受得了現代的婚姻；而如果有些男人向我們徵求意見，我們一定會奉勸他不要娶一個患過精神官能症的女孩。婚後的偷情反而可以醫治精神官能症；然而，女性受到的教育越嚴格，對文明的要求就越服從，也就越害怕採取這種方式。為了避免慾望與責任感的衝突，她仍需要用精神官能症庇護，疾病成了保護她美德最安全的港灣。婚姻本應能滿足文明人青春期的性本能，但事實上卻毫無能力。因此可以肯定地說：婚姻絕不能補償婚前禁慾的痛苦。

一旦承認「文明的」性道德的危害，也就能回答第三個問題。普遍的禁慾促使文化進步，同時也導致少部分人患有嚴重的疾病，似乎利大於弊。我必須承認，我不能準確判斷出得失的輕重，但我會對「失」的方面做更多的考慮。說到禁慾，我堅持認為：禁慾所帶來的遠不止精神官能症，而且在很大程度上，我們也還未充分認識精神官能症的嚴重性。

我們的教育和文明以延緩性發展和性活動為目的，這種延緩在剛開始時當然沒有害處。考慮到受教育的年輕人普遍很晚才能獨立，這種延緩自然是必要的；但如果對二十歲以上的年輕男子要求禁慾，必定會受到他們的反對。禁慾即使不導致精神官能症，也會招致其他危害。確切地說，對強烈本能的

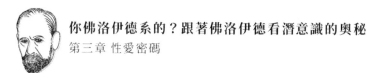

抗爭，以及為了這種抗爭，而加強的倫理及美學力量，鑄就了人的性格，這在某方面的天性是真實的。但同時也必須承認：今日人們的性格差異，大抵與他們壓抑性衝動的程度有關。

在多數情況下，當一個年輕人必須付出全力，以贏得社會財產和地位時，對性的抗爭已耗盡他的能量。個體究竟會有多少性活動，又有多少性本能可以被昇華，存在著明顯的個體、職業差異。難以想像禁慾的藝術家，但禁慾的年輕學者卻司空見慣——藝術家的成就受到性經驗的強烈刺激，而年輕學者控制住性，以投入研究。總之，我認為禁慾的人不可能充滿活力且自立，也難以成為創造性的思想家、勇敢的解放者或改革者，倒是容易造就一批「循規蹈矩」的弱者，他們在芸芸眾生中失去了自我，不情願地任強者們的擺布。

儘管人們努力禁慾，但性本能總是任性且難以改變。文明教育只是暫時壓制婚前的性本能，此後就任其妄為，而一些極端的措施比壓制更為有效。由於過分不情願的壓制，以致當性本能開始放縱時，卻已受到永久的傷害。因此，若一個年輕男子徹底禁慾，他肯定不適合結婚；而意識到這一點的女子，時常選擇那些在其他女子身上證明了自己男子氣概的人為夫。

婚前對女子施行的嚴格禁慾，對女性的惡果更為明顯。顯然，教育對婚前女子的性壓制，豈止是低估，而是幾乎用盡了所有強制手段，它不僅禁止性交、竭力宣揚貞操的重要，同時使她對婚後的角色一無所知，她只能強忍愛情的衝動，抵制成長中的任何誘惑。其結果是：當父母突然決定女兒可以戀愛時，她卻難以適應，並在不確定自己感情的狀態下締結了姻緣。這種愛情使她對鍾情於自己的男子，只能表現出失望，因為情感上她仍屬於父母，父母的權威使她產生了性壓制；她表現出十足的性冷淡，使丈夫難以獲得性快感。我仍不知道，未受過文明教育的女子是否會性冷淡，儘管我認為這是可能的；然而，無論如何，都是教育「孕育」了這一現象。這些從未體會過性快樂的女子，絕不情願忍受接踵而來的生育痛苦。就此而言，這種婚前準備成了生育的障礙；許多年之後，即使妻子克服了障礙，女人性愛的高峰期也被喚醒，但她與丈夫的關係早已破裂不堪。作為對以往馴服的獎賞，她的選擇只有不能被滿足的慾望、對丈夫的不忠，或患精神官能症。

　　一個人的性行為，常常反映出他生活中的其他態度。如果一個男子充滿活力地去爭取性愛目標，那他也會以同樣執著的精神去贏得其他目標；然而，不管出自何種原因，如果一個人壓制了強烈性本能帶來的快樂，他的行為就會較謙和、順從。這種關係在女性身上更容易識別，儘管她們對性問題充滿了好奇，但教養卻限制了她們對該問題的理智思考，她們不時受到恐嚇，說這不僅不是女性應有的，而且還是罪惡的象徵。於是，她們害怕思考任何問題的，知識失去了價值。這種性領域外的思想壓制，部分形成於無法避免的觀念性聯繫，部分則是自動的，就像人們關於宗教思想的壓制，或忠實的人們關於忠誠問題的思考。我認為女性「生理上的弱智」，不能用生物學的智力活動與性活動的對立解釋，莫比斯即持這種觀點，但遭到了廣泛反對；而我認為，眾多女性的智力劣勢是在於，與性壓制相關的思想被壓制。

　　關於禁慾，一直未嚴格區分兩種類型：是禁止一切性活動，還是禁止與異性性交。許多誇口成功禁慾的人，實際上是借助手淫，與嬰兒期自體性活動有關的性滿足；然而，這些性滿足的替代方式卻極為有害，因為將性生活退化到嬰兒時期，必將導致神經衰弱和精神官能症。

　　此外，文明的性道德絕不允許手淫，於是年輕人便陷入了教育理想所引發的衝突中；更有甚者，這種放縱多方面都敗壞了性格：首先，它使人不經磨難，靠走捷徑實現目標（即以性慾決定行為方式的原則）；其次，伴隨性滿足的種種幻想，使他們將性目標幻化到在現實中無法找到的優秀程度。詼諧作家克勞斯，在維也納出版的刊物《火炬》中，曾以挖苦的口吻說出了這矛盾的真理：「性交不過是替代了無法滿足的手淫。」

　　文明苛刻的要求及禁慾的困難，使異性間的性交成了禁慾的焦點，卻使其他性活動受了恩惠，這可叫做「一半清醒一半糊塗」。由於正常的性交受到道德的嚴厲抨擊，加之出於衛生的考量，害怕傳染，異性間變態的性交——即以非性器官的性活動，無疑會帶來更嚴重的社會問題。對此行為，絕不能像對待愛情關係中的性目標一樣，認為毫無害處。這是不能被倫理接受的，因為它將兩人的愛情關係降低為一種隨便的遊戲，既不富冒險性，也沒有精神的滲透。正常性生活出現困難，所導致的另一結果便是同性戀增加。同性

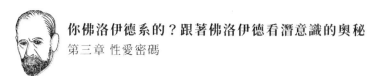

戀除了生理原因或童年影響外，大部分都是在成年後發生，欲力的受阻使人們尋求旁門左道的發洩。

所有這些無法避免、非人所願的後果，均是由禁慾造成，它徹底瓦解了婚姻的基礎。文明的性道德認為：婚姻是滿足性衝動的唯一手段。手淫或其他性倒錯，使男人習慣了不正常的性滿足，從而降低了婚後的性能量；同樣，為保貞操而借助相似方式的女人，必然冷淡婚後的正常性交。雙方若皆以很低的性能力結婚，那麼婚姻的瓦解是遲早的事。男人的性能力低下，令女人無法滿足，強烈的性經驗本可以使女人克服教育形成的性冷淡，她卻繼續冷淡下去。這樣的夫妻比健康的夫妻更難避孕，因為性能力低下的丈夫很難適應避孕工具。其結果是：性交總是令夫妻陷於尷尬的境地，最後不得不放棄，婚姻的基礎也就不復存在。我能請求所有學者明察秋毫我所描述的事實，證明我對這一事實絕無誇大。對此一無所知的人很難相信，具有正常性能力的丈夫何其少，有性冷淡的妻子又何其多，婚姻對雙方禁慾的補償程度何其低，對幸福的實現又少得可憐。

我已闡明：在這種情況下，最顯明的惡果是精神官能症。我還要進一步指出：這樣的婚姻將波及到孩子身上。乍看之下，會以為孩子的病是遺傳的；但進一步的觀察就會發現，原來這是童年期強烈印象的結果。由於無法從丈夫處得到滿足，妻子會變得神經質，作為母親，她會對孩子特別溫柔關心，這實際上是愛的轉移，並會導致孩子性早熟；此外，父母間的惡劣關係又會刺激孩子的情感生活，使孩子小小年紀就感受到強烈的愛與恨。而嚴格的訓教，使孩子必須壓制性活動，而這種壓制足以在孩子很小的時候，就埋下終生患精神官能症的種子。

我將重申我的早期觀點：精神官能症的嚴重性，仍未受到足夠的關注。我這樣講，並不僅指某人患病後，親人們毫不在意，醫生也只是誇口說，只要進行數週的冷水浴或休息幾個月，病人即可恢復。這僅僅是一些無知醫生和外行人的意見，只能給患者以短暫的安慰；而長期的精神官能症若不能結束一個人的生命，就會使患者負擔沉重，像肺結核或心臟病一樣。

如果將精神官能症與文明活動分離，僅讓一些天生的弱者患病，其餘的人則充分施展才華，那情形倒好得多；事實上卻遠非如此。我必須堅持這種觀點，即不管精神官能症的程度如何、患於何時，總會破壞文明的目的，最終導致被壓抑的精神力量仇恨文明。因此，社會若以精神官能症患者的增加，換取人們對規範的廣泛服從，那它就不能聲言它得到了什麼，因為它事實上一無所獲。

讓我們討論一種常見現象：一個婦女本不愛她的丈夫，因為就她的婚前狀況而言，她根本沒有愛自己丈夫的理由；但從教養上的理想婚姻來看，她又必須愛她的丈夫，必須壓抑每一種真實的衝動，並盡力實現丈夫的理想。故她會做出特殊的努力，努力使自己成為一個可愛、溫情而體貼的妻子。女人自我壓制的結果，無疑是患上精神官能症，因為疾病等於是對不愛丈夫的報復；而由於疾病，丈夫更不能滿足，更擔心妻子，這還不如直接承認妻子不愛自己。這一例子說明，凡不利於文明的衝動壓制，就其補償性而言，就像直接的性壓抑一樣，同樣不會成功。比如，在強烈壓抑先天的殘酷傾向後，一個男人變得異常溫柔，但為了壓制天性，他必須付出很大的能量，結果仍不能充分駕馭其補償性衝動，最終仍遠不如不壓制為好。

我們還應看到：在任何一個群體裡，限制性活動，會導致對生活的普遍焦慮及對死亡的恐懼，不僅干擾了人們享受快樂的能力，而且難以面對死亡。這兩種結果均降低生育率，進而破壞未來的群體利益。就此而言，我們必須質問：我們有必要為這種「文明的」性道德做出犧牲嗎？尤其當我們將享樂主義作為文化發展的目標之一，並努力爭取個人幸福時。

作為一名醫生，本無提出改革建議的職責，但既然埃倫費斯已描述了「文明的」性道德與精神官能症人數增加的關係，我在此指出這種性道德對精神官能症蔓延的嚴重影響，不過是對埃倫費斯的支持罷了。

第四章 夢的解析

佛洛伊德解夢的方法，並非科學界的「象徵法」解夢——把夢的全部內容看作一個整體，用另一種相似的、易於理解的內容來代替它，進行夢的解析；也並非科學界「密碼」法解夢——把夢看作一種密碼組合，在這種密碼系統裡，每一個密碼都可以根據固定的方法轉換成另一種特定的意義。佛洛伊德所使用的解夢的方法，主要是根據做夢者本人的聯想，也就是根據某一特殊夢境，使夢者聯想，再循序漸進地探究。佛洛伊德指出：夢並不是毫無意義的，也不是人們意識裡混沌、荒誕的產物，夢是「願望的實現」。他首次較科學地進行夢的解析，這一創舉是精神分析學的一大勝利，也是人類認識自身的突破口。

夢的解析方法

按語：

　　每個人都會做夢，這是非常普遍的事。古希臘時代，亞里斯多德把夢解釋為「日間所見回憶的重新編排」，做夢者由於靈魂不得安寧，記憶的碎片就會產生意念作用；而佛洛伊德的出現，徹底打破了這種單純依靠現實解析夢境的慣例，因而他被稱為第一位深刻揭示人類內心活動的人。在此，佛洛伊德指出：夢的確具有某種意義，它是由很多心理因素累積而成的，且能對它分段研究，科學地進行解析。

　　從本能的推斷來看，每一個夢都有各自的含義，而這種含義是非常隱蔽的。夢是其他思想的替代物，故若要挖掘隱藏的含義，只要先找到這種替代物，就能發現夢真正的含義。

　　非科學界很早以前就關心「解夢」的問題，他們在探討中採取了兩種本質上不同的方法：

　　第一種方法，是把夢的全部內容看作一個整體，用另一種相似的、易於理解的內容來替代它，進行夢的解析——即「象徵法」解夢。

　　第二種方法與第一種完全不同，它把夢看作一種密碼組合，而在這個密碼系統裡，每一個密碼都可以根據固定的方法，轉換成另一種特定的意義——即「密碼法」解夢。

　　而我所使用的解夢的方法又完全不同於上述兩種，主要是根據做夢者本人的聯想，也就是根據某一特殊夢境，使夢者聯想到內容，再循序漸進地探究。

　　我之所以不使用上述兩種方法，是因為它們得出的結論並不完全可靠：「象徵法」不可能為所有的夢找到合適的替代品，而「密碼法」全靠《解夢書》，但這一關鍵事物並不能讓人信服；不可否認，在某些情況下這兩種方法得出的結論也合乎情理，但我仍堅持自己的觀點：夢具有某種意義，而且也完全可能用科學的方法解釋。

　　我所採用的解夢方法與通俗、傳統的「象徵法」已有很大的區別，而與「密碼法」有些相似，其相同之處在於把夢分解成片段，而非整體，一開始就把夢看成是複合的，因為夢是由很多心理因素累積而城，可以分段研究。

　　我在精神研究的過程中，已分析過至少一千個夢例，但目前介紹解夢技術及理論時，我尚不能採用它們作為材料，因為會招致反對，說這些是患有心理疾病的人做的夢，不足以推斷正常人的夢。我若不使用這些夢例，就只好用一些我認識的正常人偶然提及的夢，以及一些我早在「夢生活」的演講中提及的夢例。不幸的是：我無法深刻分析這樣的夢例，並尋求它們真正的含義。因為我解夢的方法不同於「密碼法」──只要有一本《解夢書》就萬事大吉。同樣的夢，在不同的人、不同的背景下，我認為會有不同的意義。因此，我只能分析自己的夢了，這些夢提供了既豐富又方便的材料，它們來自一個正常人，並與日常生活有種種聯繫。當然，有人會懷疑這種「自我分析」的可靠性，且認為我可以對它們做出任何結論。但據我判斷，自我分析能比分析別人更貼切、更真實。無論如何，我們可以進行實驗，看看自我分析對解夢能有多大作用。

　　自我分析，從我自身而言，仍須克服另外的困難，因為每個人都不願意暴露自己過多的隱私，還擔心別人對自己產生誤解。但仍有可能克服這些困難，德爾波夫曾說過：「每一個心理學家都有責任承認自己的弱點，只要他認為有助於解決某個困難的問題。」故在此我相信，讀者們會由於「夢的解析」所帶來的樂趣，原諒我的輕率無禮。

　　為了說明我解夢的方法，我將在這裡以我本人的一個夢為例。因此，我希望讀者們暫時把我個人的興趣當作你們自己的興趣，與我一起分析生活中的一些瑣事，因為只有如此，才能探尋出夢的隱蔽含義。

　　一八九五年夏天，我曾為一位年輕女士做精神分析治療，她與我以及我的家庭有良好的關係。十分明顯，作為一個精神分析醫生來說，處在這樣的關係中意味著將產生許多麻煩的情感。醫生個人興趣越大，他的權威性就越小；而任何失敗的治療，都會影響之間的友誼。但事與願違，她的治療過程並不順利，我竭盡所能也只能使她不再產生「歇斯底里的恐懼」，對她生理

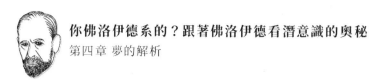

上的一些病症我卻無能為力。那時我還沒有確立歇斯底里治療的標準，因為我一直認為還有更有效的方法，所以我提出了一個比較有效、但患者難以接受的「治療方案」，最後還是由於患者的拒絕而停止治療。一天，我的同事奧圖去看望了這位患者伊瑪；奧圖回來後，我問起伊瑪的情況，他回答說：「看上去是有所好轉，但並不明顯。」——話語中帶有些許不滿和指責。我覺得奧圖的態度完全是因為受了伊瑪親屬的影響，因為他們對我的治療一直持反對態度。但我並不介意這件尷尬的事，也沒有向任何人提及我的不滿。那天晚上，我把伊瑪全部的療程詳盡地寫了下來，寄給了 M 博士（他可以稱得上這一領域的權威），我想讓他指點一下我的治療方案是否真的一無是處；而那天夜裡，我做了如下的夢，我醒來後立刻記錄下來：

一八九五年七月二十三日～二十四日的夢

我在一個大廳裡接待許多客人，伊瑪也在其中，我立刻把她帶到一旁，不分青紅皂白地指責她：都這麼久了，為什麼不能接受我的「治療方案」。我對她說：「如果妳現在仍覺得痛苦，那是妳的責任。」她回答說：「你不知道我最近十分難受，喉嚨、腹部和胃都非常痛。」此時我才注意到她臉色蒼白，而且有些浮腫。我暗自為自己治療方案裡忽略的一些細節感到憂慮，我把她領到窗前，想檢查一下她的喉嚨，但她很不情願，就像那些鑲著假牙的淑女們一樣，極不情願地把嘴張開，我想她大可不必如此。我發現在她喉嚨的右邊有一大塊白斑，同時我還發現在她的口腔內，還有很大一片灰白色的斑點群，就位在如鼻內的「鼻甲骨」一樣奇特的卷曲結構上。我立刻把 M 博士叫來，他也檢查了一遍，證實的確如此……今天的 M 博士看上去與以往不同，臉色蒼白，走路似乎有些跛，且鬍子刮得乾乾淨淨……當時奧圖醫生也在伊瑪身旁，我的朋友利奧波特醫生隔著伊瑪的衣服聽診了她的胸部，最後說她胸部左下方有濁音，同時他還發現她左肩上的皮膚有滲透性病變（儘管隔著衣服，我們也注意到了）……M 博士認為：這無疑是由感染引起的，不過並無大礙，只要服用一些瀉藥，毒素就會排除。但我們每個人都清楚地知道這是怎麼感染的——不久前，奧圖醫生在給伊瑪治療時為她注射了一針——丙基和甲基製劑：丙烷基……丙酸酯……丙酸尿……三甲胺。而事實

上在日常的治療過程中，我們是不會輕易使用這些藥物的，還有一點就是，當時使用的針筒很可能未經消毒。

這個夢也許在許多地方都非常荒唐，但有一點可以肯定──那天白天發生的事是這個夢的起因。那天奧圖告訴我關於伊瑪的病情，所以我寫病歷直到深夜……這些情景在我入睡前始終縈繞在心頭，以至於我做了這麼一個離奇的夢。說句實話，這個夢許多內容連我自己也搞不清楚：伊瑪怪病產生的症狀、注射丙基和甲基製劑、M 博士慰藉的言辭等等，都讓我困惑不解。而在夢的結尾時我感到比開始時更迷糊，內容也更凝縮。為了發現其中的意義，我必須進行細緻地分析。

分析：

一、我在一個大廳裡接待許多客人。

當時我們正在貝爾維尤度夏，那是一座聳立在卡倫貝格附近山頂上的房子。那所房子原本是設計成娛樂場所，所以客廳特別大。做這個夢的時候正是我妻子生日的前一天，我妻子告訴我，她打算邀請一些客人來參加生日派對，伊瑪也在其中。於是我的夢就預先展示了那時的情景：我妻子生日那天，來了許多客人，共中包括伊瑪，聚在貝爾維尤的大廳裡。

二、我指責伊瑪還不能接受我的「治療方案」，並且說：「如果妳現在仍覺得痛苦，那是妳的責任。」

在我清醒的時候，我很可能對她說過類似的話語。我當時就是這個看法（儘管從那以後我認識到這種看法是不對的）──我認為只要對病人說出隱藏在症狀背後的真正病因，我的任務就算完成了；至於她是否採用我的方法，那就是她的責任。我注意到我在夢中對伊瑪說的話正是急於向她表明：她的病不能痊癒，並非是我一手造成的，而是她自己的責任。這個夢的目的不正是如此嗎？

三、伊瑪說她喉嚨、腹部和胃都非常痛。

胃痛是伊瑪原本就有的症狀，但並不嚴重，只是她常抱怨說感到噁心，想嘔吐。而喉嚨痛以及腹部痛卻是她幾乎沒有過的症狀，至於夢中為什麼會出現這樣的情景，至今我仍困惑不解。

四、她看起來臉色蒼白，而且有些浮腫。

事實上伊瑪的臉色始終是健康的，我懷疑在夢中另一個人代替了她。

五、我為自己治療方案裡忽略的問題感到憂慮。

大家都清楚治療精神、心理疾病的醫生們常常有一種警覺心理——擔心會把一些器官性疾病當歇斯底里來診治，而其他領域的醫生也許只會把這些症狀當作器官上的疾病來處理。所以，夢中的憂慮也許是由這種警覺引起的。但還存在著另一種可能：假設伊瑪的病只是被器官功能上的疾病引起，我所針對歇斯底里症的治療方案對她當然毫無用處；若真如此，我就算治不好她的病，也不必受到責備。所以在潛意識裡，我也許會希望自己把伊瑪的病誤診為歇斯底里症。

六、我把她領到窗前，想檢查一下她的喉嚨，但她顯得很不情願，就像那些鑲著假牙的淑女一樣，極不情願地把嘴張開。

我從沒有檢查過伊瑪的口腔。但這個夢中情景也許是我混淆了——不久前，一位非常富有、外表年輕漂亮的女病人來找我看病，我要求她張開嘴，她卻想方設法掩飾她的假牙。伊瑪站在窗邊的情景，讓我回想起了另外一件事：伊瑪有一位親密的女性朋友，我對她的印象十分良好。一天晚上，我曾拜訪這位女士，當時她正在窗邊站著，就是夢中的那個情景。當時 M 博士正在給她看病，檢查的結果也如夢中——在她的喉嚨深處發現了類似白喉症的黏膜。在上面的敘述中，M 博士、白色的斑以及窗戶都在我夢中出現了。對於伊瑪的朋友，我很早就認為她是歇斯底里症病患者，而我之所以有此觀點，是因為她的確常歇斯底里地發瘋，我的夢顯然是把伊瑪和她的這位朋友混淆了。直到現在，我仍然記著伊瑪的這位朋友，甚至希望她會來找我看病，但我非常清楚地知道，她是不會輕易這樣做的，因為她是一個很保守的女人，至於「不情願」，我也猜想很可能是對伊瑪的朋友說的。假牙可能是源於那

忸怩作態的女人，那麼蒼白和浮腫又是怎麼一回事呢？伊瑪和她的朋友並沒有那樣的特徵。於是，我又想起了另外一個女人，她不是我的患者，我也不願意接收她為我的患者。我感到她在我面前忸怩不安，所以我想她未必是一個很聽話的病人；她平時臉色蒼白，而且當她身體相當好的時候也顯得有些浮腫。從這些人物可以看出，夢中的伊瑪是這幾個女人的複合體，而且她們都有一個共同的特點——拒絕接受我的治療。那麼我又為什麼會在夢中用這些人替代伊瑪呢？有可能是我比較關心她罷了，或是我喜歡調換一下，也或許我認為她們比伊瑪更聰明，因為她始終拒絕接受我的治療，而其他女人會更容易接受一些。

七、我發現在她喉嚨右邊有一大塊白斑……就位於像鼻內的「鼻甲骨」一樣奇特的卷曲結構上。

白斑讓我想起了伊瑪朋友患的白喉，又使我想起兩年前我大女兒得的絕症，還有在那段焦慮的日子裡我們經歷的痛苦感受。「鼻甲骨」讓我想到自己的健康問題，當時我常服用「古柯鹼」（可卡因）來治療鼻部的腫痛。幾天前，我聽說我一個女患者學習我服用這種藥，結果引起了鼻黏膜腫塊。而我在一八八五年極力推薦「古柯鹼」的醫療價值時，曾招來許多人反對，有一位好友也因大量服用「古柯鹼」而死亡。

八、我立刻把 M 博士叫來，他也檢查了一遍。

這正反映了 M 博士在我們這一行的地位，但「立刻」卻需要做進一步的解釋。這使我想起一次悲劇性的經歷：有一次，我給一位女病人治療，使她服用了過量的、當時認為沒有副作用的雙乙磺丙烷，引起了嚴重中毒。於是我立刻叫來比我年長的同事，請求幫助。這位女病人與我那患有絕症大女兒的名字一樣，想必是上帝對我的懲罰吧！她們都叫瑪蒂拉爾，我沒有醫治好那位病人，最後也沒有醫治好我的女兒。唉，一報還一報！在我的潛意識裡，我常常為自己的醫德感到內疚懊悔。

九、M 博士臉色蒼白，走路似乎有些跛，而鬍子刮得乾乾淨淨。

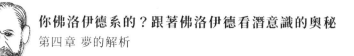

實際上，M 博士不健康的臉色的確讓朋友們擔心，但其他的兩個特徵只能歸結到別人身上。我想到了我僑居國外的哥哥，他總是把鬍子刮得乾乾淨淨，而且他與 M 博士長得有幾分相像，且他近日來信說因關節炎行動不便。我之所以將這兩個人混在一起是有原因的——那就是他們最近都拒絕了我給他們提出的建議，對此我不太高興。

十、奧圖醫生也在伊瑪身旁……最後說她胸部左下方有濁音。

利奧波特是醫生，是奧圖的親戚，由於他們兩人是同行，所以一直都存在矛盾。記得我在兒童精神科主持工作時，他們都是我的助手，這兩人性情不同，給我留下了很深的印象。奧圖思維敏捷、做事幹練；利奧波特沉靜穩重、辦事認真。在這夢裡，我讚賞利奧波特的細心，這的確反映了我個人的情感的問題，就像我對伊瑪的那位朋友一樣。現在我明白了我的思想在這個夢中的運行軌跡——從我沒有醫好的病人瑪蒂拉爾，到我死去的大女兒，再到兒童精神科利奧波特與奧圖的對比。至於夢中的「濁音」，它使我想起了一次門診的經歷：我、奧圖，還有利奧波特一起給一位病人看病，我與奧圖檢查後都沒有發現異樣，是利奧波特發現了這位病人胸部左下方有濁音，最後診為結核病。除此之外，也許我的潛意識裡有一個設想：如果伊瑪也像那個被確診為結核病的病人一樣就好了，那她就不會有這樣難以診斷的病症。

十一、肩上的皮膚有滲透性病變。

這使我想到我自己肩上的風濕病，每當我工作到深夜時都會明顯地感到它的發作。另外，「滲透性病變」很少用來指皮膚上的毛病，一般都是用來指肺部問題，如習慣性的說法「左上後部滲透性病變」——這再次讓我發現，我是多麼希望伊瑪的病只是那種易診斷的結核病，而非這樣複雜的病症。

十二、儘管隔著衣服。

這只是一個補充：我們在給兒童檢查時，一般會叫他們脫掉衣服，但對於女性病人來說這是很難辦到的。據說有一位很有名的醫生，他在給病人檢查時不會要求脫掉衣服，卻一眼能看出病症，所以很多女性患者都願意去他那兒看病。

十三、M博士認為：這無疑是由感染引起的，不過並無大礙，只要服用一些瀉藥，毒素就會排除了。

這可以看作是一句安慰的話。其語境可能如下：我的夢前面的內容，是病人的病遭受嚴重的器官性感染；若真是如此，就可以推卸我的責任，因為精神治療不需要對白喉的長期不癒（會引發局部炎症感染，並導致其他併發症）負任何責任。不過，我為了洗清自己，而把這樣一種嚴重的疾病加到伊瑪身上，顯得如此殘酷無情。而也許是自責的緣故，就有了「並無大礙」這句話，可在夢裡出現這句安慰的話，是多麼可笑與荒唐！

我聽說一些江湖遊醫，他們相信白喉的毒素可以從腸道自動排出；因此在夢中，我可能將M博士視為這種遊醫來嘲弄了。也許還有一件事與這有關——幾個月前，一個消化不良的病人找我看病，我確信他一定患有歇斯底里，但其他醫生卻診斷他是營養不良和貧血症。我當時沒有為他進行精神治療，只是勸他到國外旅遊一番，作為放鬆休息。就在前幾天，他從埃及寄來一封信，說他在那裡又一次發作，而那裡的醫生診斷為「痢疾」。我覺得有些可笑：明明是歇斯底里症，怎麼能說成「痢疾」呢？沒準是埃及醫生搞錯了。想到這裡，我內心開始責備自己了——為什麼要出這樣一個壞主意，讓一個患病的人去那種極易感染痢疾的地方？另外，在德文中「痢疾」和「白喉」兩個詞發音很相近，使我在夢中將它們混淆。

夢中這句話由M博士親口說出，這很可能表示我在夢裡取笑他。記得一次，他與一位同事一起去診治一個女病人，M博士發現她的尿液裡含有大量的尿蛋白，並表示這位女病人已瀕臨死亡了。而那位同事卻不以為然地說：「這並不能說明什麼，並無大礙。」因此，我在夢裡有意取笑了這位連歇斯底里都看不出來的醫生。我想M博士是不是有想過伊瑪的那位朋友，不是結核病而是歇斯底里症？會不會是因為他看不出而誤診？而我在夢中取笑M博士又出於什麼動機？這可能只有一個目的——出於報復。因為他和伊瑪都曾反對過我，所以我在夢中認為伊瑪咎由自取，而M博士則說出這樣荒謬可笑的話。

十四、我們每個人都清楚知道這是怎麼感染的。

夢中「知道」這種情況是很離奇的，因為在這之前我們根本不知道這件事，是利奧波特發現的。

十五、不久前，奧圖醫生在給伊瑪治療時為她注射了一針。

奧圖的確到郊區看過伊瑪，但那是因為那裡的旅館有位急診的病人，他去給那位病人打針，順便看一看伊瑪，且應該並未給伊瑪打針。由此看來，這句話是我對這件事的聯想。

十六、丙烷基……丙酸酯……丙酸尿。

我為何會想到這些呢？在我做這個夢的前一天，奧圖送了我一瓶酒，酒瓶上標著「愛納司」，這個酒名的讀音正好與伊瑪的姓相似，所以我在夢中把這些聯繫到一起。後來，因為這瓶酒散發出強烈的戊基氣味，所以我很想扔掉，但妻子卻建議我把這瓶酒送給僕人。出於謹慎我沒有同意，因為我不能讓他們中毒，因為戊基使我聯想到了丙基、甲基等一系列藥物，夢中情景得到了解釋。這種替換在有機化學中也是容許的。

十七、三甲胺。

在夢中我的確看到了三甲胺粗體標出的化學結構式，但對我來說有什麼特殊之處？這使我想起了同另一位老朋友的談話，他告訴我一些關於性學的研究成果，並提到了性激素在新陳代謝過程中產生的一種介質，這種介質的名字正是三甲胺。所以，很有可能我在夢中用三甲胺替代了性。因為在我的研究過程中，性是一個重要的研究課題，如果我必須把伊瑪與性聯繫在一起的話，那是由於伊瑪是一個寡婦，因此很可能是因為性方面的原因，使伊瑪患上了這樣的病症。或許我不應該這樣想，但它似乎與夢很吻合。

十八、在日常的治療過程中，我們不會輕易地使用這些藥物。

這句話是直接針對奧圖的，以表達我的不滿。因為那日奧圖跟我說伊瑪的事時，我就暗自埋怨他這麼輕易地相信了伊瑪家屬的言辭。除此之外，這句話讓我想起我那位太輕易注射「古柯鹼」而已故的朋友，以及那個與我大女兒同名的女病人，直到現在，我仍擺脫不了內心的譴責懊悔。

十九、針筒很可能未經消毒。

這又是針對奧圖說的，但卻有其他來源：我有個八十二歲的病人，她每天來打兩針嗎啡，在做夢的前一天她的兒子碰到我，告訴我說他母親現在在鄉下，患了靜脈炎，而我想這一定是針筒不乾淨所致；同時，我也慶幸兩年來我從未讓我的病人有過類似的感染，為自己謹慎的行醫方式感到自豪。這句話也使我回想起我的妻子，她在生大女兒的前夕，就因為注射而感染了「血栓症」。就這樣，在這個夢中，我很可能又把伊瑪、八十二歲的患者以及我的妻子混在一起了。

現在，我完成了對這個夢的解析。在解析的過程中，我已盡了最大的努力揭示這個夢的真正含義。從整個夢來說，我找出貫穿其中的思想，那就是我做這個夢的動機。這個夢實現了我的一些意願，這些意願起源於那天晚上奧圖對我說的那些話，以及我寫給 M 博士的那封關於伊瑪病情的信。經過我的分析，整個夢的結果就在於說明：伊瑪之所以未能痊癒，並不是我的過錯，而應該是奧圖造成的。這是因為奧圖在告訴我伊瑪的情況時，我心裡就怨懟難平，於是出於報復，我做了這個夢。夢中的的情形讓我能逃避對伊瑪應負的責任，因此，這個夢也展現了我心裡的一些想法。所以可以這樣說：「夢是有動機的，這個動機就是就潛意識裡的某種意願，而在夢中這種意願得以實現。」

這個夢裡還有一些其他細節，似乎與「我不用對伊瑪的病負責」這個主題沒有關係。比如說，我女兒的病，那與我女兒同名女病人的病、「古柯鹼」的害處、到埃及旅行的病人的病情，以及我關心太太、哥哥、M 博士的健康、我自己的健康問題、我那患有化膿性鼻炎的已故朋友等等。如果我再從這些紛亂的細節中，找出其中的意義，那就是我對自己與別人健康的關心，即我的職業所具有的良知。我現在仍記得很清楚，那天晚上奧圖告訴我伊瑪的情形時，內心確實感到一種無法言喻的不快，而最終在夢裡發洩了這種不快的感覺。當時的感覺就像是奧圖對我說：「你並不重視你的醫德，你缺乏良知，你不實踐你的諾言。」所以，我在夢中想方設法證明自己是一個很有良知、很關心親朋好友與病人的醫生。在夢中也存在一些痛苦的回憶，這只是更證

實了奧圖的指責，而非支持我的自白。從其內容看來，這並不是某種袒護，夢中這些較為廣泛的思想與這個夢的主題（我對伊瑪的病沒有責任）確實存在著關聯。

　　當然，我不想佯稱我已經揭示了此夢的全部含義，也不敢保證我的解夢無懈可擊。我願意用更多的時間去發現更多的訊息，並討論它提出的新問題，就能更深刻地反映我個人的心理情況。如果誰認為我的分析不夠徹底的話，那麼可以試著對自己的夢進行更直接、更可靠、更透徹的分析。對於我這個夢的分析，我很滿意得到的結論。而透過對夢的分析，我們會發現：夢真的是有意義的，而不是如某些權威所說──只是人腦散亂無序活動的表現。當我們的解釋告一段落的時，我們認識到──夢是人們潛意識願望的實現。

夢是願望的實現

按語：

　　夢真的猶如空中樓閣嗎？佛洛伊德指出，諺語有云：「鵝夢見什麼？牠夢見玉米。」、「豬夢見什麼？牠夢見粟。」夢完全是一種有效的精神現象——願望的實現。

　　在前面的分析中，我們發現：夢代表著人們潛意識願望的實現。認識到這一點，我們就突破瞭解析夢的第一個難關。夢，並不是毫無意義的，也不是人們意識裡混沌、荒誕的產物。相反，它完全是一種有效的精神現象——願望的實現。它是在高度錯綜複雜的思想活動中產生的，是一種清醒狀態下精神活動的延續。

　　在這裡我們已經發現，夢的本質是願望，接下來的任務就是確認：「願望」是所有夢的共性，還是僅僅是我們剛分析過的那個夢的特徵？儘管每一個夢都有各自的隱意和精神價值，但這些隱意和精神價值不可能完全相同。前面我們分析的那個夢，無疑是願望的實現，也許另一個夢可能是恐怖的實現，還可能有些夢的內容只是沉思，也有的只是對記憶的再現等等。除此之外我們是否還能找到其他的夢境呢？

　　要證明夢時常是直觀願望的實現並不難，但夢特有的語言卻長期不能被人理解，倒是一件令人驚訝的事。比如一些夢，只要人們願意就可以把它喚醒，就好像做實驗那樣。如果我晚上吃了海蜒、橄欖或其它一些很鹹的食物，在夜裡就會因為口渴而醒來，但醒前往往有一個夢，而且內容大都相似——我正在喝水。我夢見我在開懷暢飲，那水的滋味甘甜無比猶如清泉一般。而在我清醒後，發現自己真的口渴。我清醒後意識到正是因為自己口渴才做了那樣一個夢，口渴便產生了要喝水的願望，而夢卻把這一願望表現為已得到滿足。由此我們不難發現：夢是在執行某種功能。我睡覺比較沉，不易因一些身體的需要而醒來，如果我夢到自己在喝水、解了渴，那麼我一般是不會醒來真的去喝水的。這個夢是一種方便的夢，取代了日常生活中一些真實的行動，儘管這個喝水的夢與我報復奧圖和 M 博士所做的夢不一樣，但這兩個

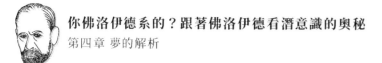
夢的意向是一致的。不久前，我做過一個類似的夢，稍微有些不同，我在睡前就已感到口渴，於是喝了放在床邊桌子上的一杯水；幾個小時後，我又覺得非常口渴，但這一回卻不是那種簡單便利的夢了，因為我為了喝水，要站起來去取杯子，它在我妻子床邊的桌子上。於是我做了一個與情景十分適合的夢：

我沒有站起來，而我妻子將一個盛水的瓶子遞給我，那瓶子是我去義大利旅行時帶回來的伊特洛斯卡人的骨灰瓶，而且我早已將它送人了，而瓶子裡的水很鹹（因為瓶子裡有骨灰的緣故），於是我被驚醒了。

我們可以注意到，夢中的一切都很合情合理。因為做夢的唯一動機就是實現願望，它的內容是完全利己的。貪圖舒適和方便，與為別人著想始終相互矛盾。夢中的骨灰瓶可能是另一個願望的實現，因為我對那個已送人的骨灰瓶感到遺憾，就像那杯在我妻子床邊，而我拿不到的水一樣。骨灰瓶與我感覺到的鹹味相符，作用就是讓我醒來。

我年輕時經常做一種夢，那時我常工作至深夜，第二天早晨也很難起床，我常常夢見自己已經起床，並且站在洗臉盆旁，可過一會兒我發現自己仍在床上，並沒有起來；我有一個年輕的同事，他也有早晨睡懶覺的習慣，他曾講過一個十分有趣而且很有條理的類似的夢。那時他住在醫院附近的一個公寓裡，他讓女房東每天早晨都要按時喊他起床，以免上班遲到，可女房東發現這件事非常不容易。一天早晨，他睡得很沉，女房東叫他起床：「培爾先生，快醒醒，該去醫院了。」而他在聽到喊聲後做了這樣一個夢：

他躺在醫院的一張病床上，床頭還掛著一張小卡片，上面寫著「培爾·H，醫科學生，二十二歲。」這時他在夢中順口答道：「我已經在醫院了，還去什麼醫院？」接著他翻了個身又睡著了。而他的那句話暴露了這個夢的動機。

還有一個夢例，也是實際睡眠中刺激產生的作用。我的一位病人，她做過一次下顎手術，但手術不太成功，醫生叫她在下顎一側戴上一個冷敷器，而且日夜都不得取下；但每當她睡覺時，她就會把冷敷器扔到一邊。有一次，她又扔掉了冷敷器，我就責備她，她說：「其實，我也不想這麼做，那是我在夢中的行動——我夢到我在劇院的包廂裡看演出，突然想起了正在醫院裡

忍受痛苦折磨的卡爾·梅耶先生，我就不禁想到自己的下巴沒有病痛，為什麼還要冷敷呢？於是便順手把它扔掉了。」

她的這個夢使我想到：如果我們的心理或身體感到難受的話，我們常常會有欲擺脫現狀的強烈願望，而她的夢正是這種願望的實現。她夢裡提到的卡爾·梅耶先生是她的一位朋友，而她在夢中把自己的痛苦轉移到了這位朋友的身上。

夢是願望的實現，在我所收集的其他正常人的夢中，也是很常見的現象。一位對我研究工作很感興趣的朋友，對自己妻子談論了這些理論，一天他對我說妻子做了一個夢，夢見月經來，他讓我解釋一下這個夢的意思。這其實很好理解：一個已婚的年輕婦女夢見她來月經，意味著她希望來月經。而我完全可以相信她希望在擔負做母親的責任前，能有享有一些自由自在、無拘無束的生活，而這就表明她懷孕了。而我另一位朋友寫信告訴我，他妻子做了一個夢，夢見衣服上有許多奶漬，這個夢也說明這位太太懷孕了，但不是第一胎，這位年輕的母親希望的是：生第二個孩子時，能比生第一個孩子時產生更多乳汁。

一位年輕婦女因為照護一個患傳染病的孩子，一連幾週沒有參加社交活動。她做了一個夢，夢見孩子康復了，自己參加了一個舞會，在那裡遇到了阿爾芬·都德、保羅·布爾熱、馬爾賽、普勒奧斯特，他們對她很友好，而且談吐風趣幽默。這些作家們與他們的畫像一樣，只有馬爾賽除外，因為她沒見過他的畫像，但他看上去卻像前天來病房消毒的防疫官員，這是她這麼多天來見到的第一位來訪者。所以，這個夢可以理解為：我應該參加一些娛樂活動，而不是在這裡長期照護病人。

不論我們的夢多麼複雜，絕大部分都可以理解為「願望的實現」，而且它們的隱意很容易就能被看出來。它們大都是簡短的夢，與那些複雜的夢有明顯的對比，而引起權威學者注意的主要是後一種夢；但儘管如此，我們仍要花一些時間和精力來研究簡單的夢。從兒童身上可以發現這些簡單的夢，因為兒童的精神活動比成年人簡單，正如研究低等動物的結構或發展有助於研究高等動物一樣，兒童心理學的研究也必然有助於對成人心理學的理解。

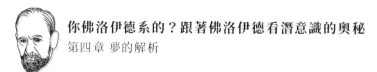

孩子的夢，常常是最簡單的願望實現，比成年人的夢更加明朗、淺顯。儘管它們非常枯燥，卻依然能提供有價值的證明──夢的本質是願望的實現。

我曾從我的子女身上收集了不少這樣的夢。

一八九六年夏天，我們全家到荷爾斯塔特旅遊，我那五歲三個月的兒子做了一個夢。我必須說明一下：那時我們住在靠近奧斯湖的小山上，天氣晴朗時，我們可以看到達赫山，如果用望遠鏡，就能清晰地看到山上的西蒙尼小屋，孩子們常常用望遠鏡來看它。出發前我對孩子們說，我們的目的地荷爾斯塔特就在達赫山的山腳下，他們聽了都十分高興。由荷爾斯塔特進入耶斯千山谷時，孩子們因景色的變幻興奮不已。但是不久，五歲的兒子有些不耐煩了，只要看到一座山，便問：「那就是達赫山嗎？」而我每一次都得說：「不，這只是它下面的一座小山。」就這樣幾次以後，他就再也不說話了，甚至拒絕跟我們一起去一個陡坡上看瀑布。當時，我想他一定是累了；但第二天早晨，他就滿臉高興地跑來說：「昨晚我夢見去了西蒙尼小屋。」

這時我才明白，當時我說要去達赫山時，他就期待著到自己天天用望遠鏡憧憬的西蒙尼小屋去；而一旦獲知他只能以山腳下的瀑布為終點時，他失望了，並感到不滿足，但夢使他得到了補償。我曾試圖詢問夢中的一些細節，但其內容卻十分空洞──「你走六個小時的山路就可以到了」──這全是他從別人那兒聽來的。

我朋友也曾告訴我一個與上述十分相似的夢。夢者是一個八歲小女孩，她父親帶著幾個孩子步行去維也納附近的多恩巴赫山區看洛雷爾小屋，但因太晚動身只得中途返回，答應孩子下次再去；在返回的途中，他們看到一個去哈密歐的路標，孩子們便吵著要去哈密歐，但父親以同樣的理由拒絕了，也答應改天再帶他們去。第二天一早，這個八歲的小女孩十分高興地對父親說：「爸爸，昨天我夢見我們一起去了洛雷爾小屋和哈密歐了。」她已迫不及待地事先完成了她父親的許諾，實現了自己的願望。

記得在我二女兒三歲三個月的時候，我帶她去奧斯湖遊玩，那是她第一次穿越奧斯湖，也許是在湖上停留的時間太短，所以到岸時她不肯下船，而

且哭得很傷心。第二天清晨，她告訴我她做了個夢，在夢裡她又去了奧斯湖，這個夢無疑實現了她的願望。

我八歲的大兒子，曾做過實現幻想的夢：他夢見自己與阿基里斯一起坐在歐密地斯駕駛的戰車上馳騁沙場——原來前一天他姐姐送他一本《希臘神話》，他讀了之後興奮不已。

如果把兒童的夢話也算在夢的領域，我可以舉一個在我所有夢例中，年紀最小孩子的夢。我最小的女兒在十九個月大的時候，有天早晨她嘔吐不止，一整天都沒吃東西；當天晚上，我聽到口齒不清的夢話：「安娜·佛（洛）伊德，草莓、野（草）莓、煎蛋（餅）、布登（丁）、麵包粥……」那時她總是習慣先說出自己的名字，再加上她想要的東西，她在夢中說出的一大串食物，一定是她最想吃的食物。「草莓」一詞她重複了兩遍，而且有變化，實際上表達的是一種抗議，因為醫生把她身體不舒服歸咎於吃太多的草莓，因此她在夢中就表示對這種判決的不滿。

我不知道動物會夢到什麼，但我一個學生說的一個諺語卻引起了我的注意，諺語是「鵝夢見什麼？它夢見玉米。」而費連奇也曾記載過一句匈牙利諺語「豬夢見什麼？它夢見粟。」關於夢是實現願望的理論，幾乎可以概括在這兩句諺語中。

透過上面那些簡單的例子，我們可以明白夢隱含的含義；當然，現實生活中有許多諷刺和貶低夢的話，如科學家們經常所說的「夢猶如空中樓閣」等。但一般而言，夢確實是反映了「願望的實現」。比如，當生活中發生出人意料的事情時，我們往往會情不自禁地感嘆說：「啊！這件事我做夢也想不到。」

▋夢的改裝

按語：

> 有些夢乍看之下與「願望的實現」並無關聯，因此需要深入分析才能看出真正的意義。當人們對夢中反映的願望存在疑慮的時候，就會使這個願望以改裝後的形式出現，這一改裝猶如為夢蒙上一層面紗，掩蓋了它的真正意義；而如果不能揭開面紗，我們將永遠無法看清它的真面目。

如果我就此斷定，所有的夢體現了「願望的實現」的話，肯定會招致最強烈的反對，那些反對我的人會說：夢被解釋為「願望的實現」的說法，其實並非創舉。因為一些研究過夢的學者們，如拉德斯托克、弗爾克特、普金吉、格利新格等都有過這樣的結論。但若說「願望的實現」是每一個夢的共性，那就太絕對了，並且這是一個完全不符合客觀情況的結論；除此之外，還有許多夢是由悲哀的內容構成，而這些夢中並沒有「願望的實現」的跡象。烏依德和哈拉姆就曾用自己的夢，統計出夢較多是失望沮喪的內容。她們發現百分之五十七點二的夢是不快樂的，而愉快的夢僅占百分之二十八點六；另外，除了那些出現痛苦情感的夢以外，還有一種使人無法忍受、讓人驚醒的噩夢。這些夢的出現，自然使「夢是願望的實現」的說法無法立足。

不過，要反駁以上那些言之鑿鑿的「真理」並不難。因為只要我們注意到：對夢的解析並不僅僅局限於夢的顯意，而是以研究夢的隱意，來進行深入的分析。現在還是讓我們來比較一下夢的顯意和隱意吧：誰都能一目瞭然夢的顯意，我承認有許多夢充滿了悲哀的內容，但為什麼沒人願意花時間和精力，去揭示夢裡隱藏的含義？如果誰都沒有下過這種功夫，那麼他那貌似正確的結論就站不住腳；如果誰都沒有經過細心分析，又怎麼能斷定這些夢中沒有蘊涵著「願望的實現」的隱意？

我現在要解決的問題，不僅是要把痛苦恐怖的夢解釋為「願望的實現」，而且還要解決一個以前提出的問題——為什麼一些與「願望的實現」毫無關係的夢，需要經過深入解析後，才能看出它是「願望的實現」的意義？正如我前面說的伊瑪的夢，這個夢不屬於痛苦的夢，而從表面上看，不論是讀者

還是我本人都無法看出它的隱意；但經過解析之後，它確實是「願望的實現」。但為什麼不能直接看出它的意義，一定要經過這麼複雜的解析過程？如果所有夢的特性，是要經過必要解析，那麼這個特性就可以稱為「夢的改裝」。這樣就又多了一個需要研究的問題──夢的改裝是怎麼來的？

在研究夢的過程中，仍會不斷發現許多問題：比如，一些人在睡眠狀態下，不可能真切的表達自己夢中的思想。也就是說，夢很可能有其他的解析途徑。在此，我將提出我第二個夢例，這個夢如伊瑪的夢一樣，也會暴露出一些我的隱私，但為了能更好的進行夢的解析工作，這樣做是有意義的。

一八九七年春天，我得知有兩位教授推薦我為副教授，這個消息使我非常驚喜，而且也非常感激這兩位知名教授對我的垂青；但我很快告誡自己要冷靜下來，因為在過去幾年裡，學院方面已多次拒絕了這樣的推薦，且很多比我資歷深的同事也沒有得到這樣的榮譽，而我自認為並不比他們優秀多少。於是，我決定還是慎重為好，不然希望越大失望就越大。我並不是那種功利心很強的人，即使沒有副教授的頭銜，我仍然可以生活得很有意義，這樣說似乎有點「吃不著葡萄說葡萄酸」的意味，但對我來說，那葡萄確實高高在上、難以企及。

一天晚上，我的朋友 R 先生來訪，而他的經歷我一直引以為戒：他很早就被推薦為副教授（對病人來說，這一頭銜就是絕對的權威），且他比我更熱衷於這個榮譽，因此常常向上級追問他的任命時間。他對我說，前幾天自己實在是忍無可忍，就直言不諱地質問上級，自己之所以遲遲未能得到任命，是否與他本人的宗教信仰有關。最後那位上級以「因為目前眾議頗多，使你無法升職」的言辭回敬他。他終於清楚了自己的處境，並結束了這令人尷尬的談話。R 先生的這些話，使我更加確信了自己的想法，因為我與 R 先生有著相同的宗教信仰。

當天晚上我做了一個夢，而第二天早晨醒來時我立即把它記錄下來，這個夢包括了兩種思想，與兩個分別持有這兩種思想的人物。這個夢可以分為兩個部分，但在此，我只會解析第一部分，因為另一部分與本文並無多少聯繫。

其一，在這個夢裡，我的朋友 R 先生成了深受我愛戴的叔叔。

其二，我很靠近地注視他那張有些變形的臉，似乎變長了一些，而且長滿了灰色的鬍子，看起來很有個性。

當天早晨我回想這夢時，覺得有些可笑。「嘿！多無聊的夢！」可是我卻始終無法擺脫，而且整天縈繞腦中。到了晚上我終於開始自責：當我在解析病人的夢時，如果他們告訴我夢太荒唐、太無聊，我一定會懷疑其中必有隱情，而非要弄個水落石出；而此時對於我自己，卻認為不值一提，正代表著我心中有種怕被清晰分辨的阻力。於是，我決定弄個清楚。

分析：

「R 先生成了我叔叔」。我是有一個叔叔，名叫約瑟夫。他的經歷非常坎坷，約在三十年前，為了多賺點錢，竟觸犯了法律，受到判刑。我的父親為此非常難過，在短短幾天裡頭髮白了許多。他常常對我說約瑟夫叔叔並不是一個壞人，只是遇事缺乏考慮，所以才會被別人利用，變成「呆子」。如果說夢中的 R 先生是我叔叔，那這個夢未免太荒謬了，因為很明顯我認為 R 先生也是一個「呆子」——但我的確在夢中見到了我叔叔的長相——長長的臉，還有那非常有個性的灰鬍子。現實生活中，由於歲月的流逝，R 先生也長著灰色的鬍子，而他最近蒼老了許多，我見了他也十分難過。在夢中，我像見到了 R 先生的臉，但又好像是我叔叔的，猶如嘉爾頓的複合照相術——嘉爾頓擅長把幾張酷似的面孔重複在一張底片上感光。所以，毫無疑問，在夢中我認為 R 先生就像我叔叔一樣，也是一個「呆子」。

這種對比有些太荒謬了！此時，我又想起了另一件事：幾天前，我與一位同事 N 先生（他也曾被推薦為副教授）在路上偶遇，然後我們就談起關於升遷的事。他聽說了我被推薦的消息，向我祝賀，我卻不以為然，對他說：「你別開我玩笑了，你也知道，我只是被人推薦罷了，這根本不值得祝賀。」他附和我說：「你千萬不要這麼說，我是由於個人問題才不能升職的。你應該知道有個女人控告我的事吧！那宗案子完全是一種卑鄙的勒索，我只是因為努力使被告免於被判刑而招來麻煩，這件事很可能成了部裡不批准我晉升的藉口，而你至少在人品上無懈可擊。」

由這件事，我在解析夢的過程中就引出了一個罪犯。我的叔叔約瑟夫，同時代表了我提到的兩位同事──一個是「呆子」，另一個是「罪犯」。到這裡，我終於知道這個夢的疑難之處了：如果說 R 先生沒有升遷是由於宗教原因，那我的升遷也毫無指望；但假如我沒有這兩位同事的缺點，那我還是有晉升的希望。這一點就成了我做夢的動機──首先讓 R 先生成為「呆子」，而讓 N 先生成為「罪犯」，而我既不是「呆子」也不是「罪犯」，我就很可能被提升，而不必擔心 R 先生告訴我的那個壞消息。

但我認為應繼續分析這個夢，因為我尚未取得滿意的結果。我為貶低自己尊敬的兩位同事以求晉升，而感到愧疚。但這是解析夢後才得出的結論，不是客觀存在的事實，這樣想可以使我的內心稍稍平靜一些。實際上，我根本不能容忍任何人說 R 先生是個「呆子」，我也絕不會相信 N 先生是個「罪犯」；同樣，我也不會相信第一個夢中伊瑪的病情惡化，是由於奧圖給她打針而。在這兩個夢例中，我的夢所表達的只是願望，即事情可能如此。從夢的內容來看，我的第二個夢似乎比第一個夢還要荒謬，但經過仔細的分析，依舊能找到問題所在。因此，這個夢可以暫時理解為是對事實的詆毀，但它是如何無中生有？

在我做這個夢之前，我的朋友 R 先生正與系裡的一位教授產生矛盾；至於 N 先生，他私下裡曾告訴過我一些別人無法悉知的隱私。為了將這個夢解析得更透徹，我還要做進一步的分析。

對這個夢的解析，還有一些遺漏：在夢中，當 R 先生變成了我的叔叔後，我對他有了一種親切溫暖的情感，而這種情感又是從何而來？因為我平時對叔叔約瑟夫並沒有這種情感，而我卻很喜歡我的朋友 R 先生，而且多年來對他心懷敬意。從理性分析來看，這種情感屬於對 R 先生的才華、品行等方面誇大後的產物，這種誇大就如我對他智力素質的判斷一樣；而在這個夢裡，這種誇大的情感卻代表了一種相反的意味。

到這裡我終於發現，這份令人迷惑的情感，並不是這個夢的隱意，甚至與這個夢真正的隱意背道而馳，並且在我解析時，巧妙地掩飾。或許，這正是夢的作用吧！記得當初要解析夢時，我一再拖延，並極力使自己相信這個

夢是多麼荒謬。以我多年精神分析的經驗看：在這「拖延」、「荒誕」裡肯定大有文章。這份特殊的情感與這個夢毫無關聯，但它卻清楚地表示了我對這個夢的真實感覺，就像讓我的小女兒吃她不喜歡的蘋果，她甚至一口也沒有吃就說那個蘋果是酸的。如果我的病人採取這種行動，我立刻就會有所懷疑──我的夢也是如此。我遲遲不願解釋這個夢，是因為我反感其中某些內容，而經過深入分析後，我才知道我所反對的，是把摯友 R 先生當作一個「呆子」，而我在夢中對 R 先生那不同尋常的感情，並不是夢內容中真正的感情，只是代表我內心對這個解夢工作強烈的不情願。如果當初我在解析時被這份感情所困惑，而獲悉與現在相反的解釋，我夢中那份感情就實現了它的目的；也就是說，這份情感給這個夢蒙上了一層面紗，如果我不揭開面紗，這個夢無疑是對 R 先生的詆毀，也無法發現我與 R 先生真摯的感情，也是這個夢包含的一個意義。

上面得到的結論是一種普遍規律。有些夢確實是非常淺顯的「願望的實現」，例如我們在「夢是願望的實現」一節中所列舉的那些夢例；而當人們對夢中反映的願望存在疑慮的時候，就會使這個願望以改裝後的形式出現，在社交生活中，我們也能夠發現類似的例子：在社交時，我們常常有很多虛偽客套。就兩個人一起工作來講，如果其中一個具有某種特權，那麼另一個必定會處處小心，於是他的行為就會有所顧忌，就像是戴上了一副面具似的。從這個簡單的例子可以看出，我們日常的交際禮儀，也是經過改裝的行為；政論作家顧忌執政者，因此他們常常掩蓋令人不愉快的事實，因為他若敢坦率地說出來，政府無疑會予以制裁。所以作者們為了檢查者的顧慮，不得不偽裝其論調，不是只字不提以明哲保身，就是旁敲側擊把那些曾被反對的論調予以改裝。這檢查制度使作家所作的改裝，就完全與我們夢裡所作的改裝相類似。

那麼，現在我們須假設：每個人在其心靈之中都有兩種心理步驟或叫傾向、系統。第一個是在夢中表出願望的內容，第二個則扮演著檢查者的角色，而形成了夢的「改裝」。但是究竟這第二個心理步驟的權威性，是靠著哪些特點來檢查？如果我們想到那些夢的隱意，都是經過分析才能為我們意識到，我們當然可以提出一個合理的假設：「凡能為我們意識到的，必須經過第二

個心理步驟的認可，以當第一個心理步驟的材料；若無法透過第二心理步驟，就不能被我們的意識接受，而必須任由第二心理步驟變形，才能進入意識。」從這裡我們可以獲知，所謂意識的本質──意識是一種特殊的心理行為，它是由感官將其他來源的材料加工而成的產品。

如果我們可以接受這兩種心理步驟，及其與意識關係的描述，我就可以認為：夢中我對 R 先生有一種深厚的感情，而夢的隱意實際上是對 R 先生的一種詆毀。我的第一心理步驟的願望──R 是一個「呆子」，無法透過第二心理步驟（我對 R 有深厚的感情）認可，不被我的意識接受，從而使我認為這個夢是那樣的可笑荒誕。

由此我們也就解答了兩個問題：一是，為什麼一些與「願望的實現」毫無關係的夢，需要深入分析才能看出它的真正意義；二是，經過必要的解析是每一個夢的特性，這種特性我們稱之為「夢的改裝」，它又是怎麼來的。這也是以上對「夢的改裝」問題的探討，至於如何把痛苦憂傷的夢解釋為「願望的實現」，這將是我們下面一節要探討的問題。

解析帶有憂傷色彩的夢

按語：

帶有憂傷色彩的夢，其實也是「願望的實現」，這些願望常是我們心中的祕密，不願向任何人透露。夢中所表現的一些令人不愉快的感受，正如平日裡對討厭的事的感受。

現在所要研究的問題是：該怎樣把夢中那些令人悲傷的情景，解析為「願望的實現」？我們已經知道，夢中那些令人不快的內容，其實就是對夢的本質的改裝。應用前面的假設，我們可以知道，夢的改裝是因為夢的某些內容不能被第二心理步驟所接受，但同時這些內容又是第一心理步驟的願望。需要解釋的是，由第一心理步驟引發的夢，都是表示「願望的實現」，而第二心理步驟卻會掩蓋夢真實的意義。在夢的解析過程中，如果我們一味考慮夢與第二心理步驟之間的關係，將永遠也無法正確的認識夢，也無法解答夢中出現的其他問題。

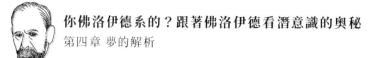

任何一個看似特殊的夢，在經過解析之後都表明它具有隱藏的含義，並以此來表示「願望的實現」。以下我將要解析幾個帶有憂傷色彩的夢，其中有些是歇斯底里症患者做的夢，因此在解析過程中，我們還需要討論一下那些表現歇斯底里特徵的精神過程，這就為我的解析增加了難度，但為了證明我的理論，這樣的困難是不可避免的。

在我對一個精神官能症患者進行分析治療時，我必定會解析他做的一些夢。我必須探討他具有的各種心理，以瞭解他的症狀。這樣做的結果，常常使我遭到患者強烈的反駁，其程度絕不亞於我的同行。我的病人們一致反對我關於「夢是願望的實現」的說法，下面就是幾個如此反駁我觀點的夢例。

一位聰明的女病人說：「你總是說『夢是願望的實現』，那麼，要是我告訴你一個截然相反的夢，在夢中我並沒有實現我的願望，這又該如何用理論解釋呢？」接著她對我說了這個夢：「我想準備晚餐，但家裡除了燻鮭魚外沒有其它東西。我想出去採購，又偏巧是星期六下午，商店市場都休息。接著我又想打電話外送一些菜，但電話又故障。因此我只好放棄做晚餐的打算。」

聽完了她的話，我說：「是啊！乍看之下，你的夢是明顯而連貫的，而且正好與我的觀點相反，但夢的真正意義是需要經過細心分析後才能得出，並非是表面現象能說明清楚。」於是我又問她：「究竟是什麼原因讓妳做這個夢？你應該聽說過『日有所思，夜有所夢』吧！」

分析：

這位女病人的丈夫是一位很誠實、能幹的肉品商。前一天她的丈夫說自己越來越胖，該減肥了，於是決定每天早起，做晨練，遵守嚴格的飲食規定，並拒絕一切宴會的邀請。有一次，她和丈夫在飯館裡認識了一個畫家，那畫家執意要為她畫張像，因為那畫家說，他從來沒見過像她這樣生動的面孔。但當場被她丈夫拒絕了，他認為與其畫妻子的臉，不如去找個漂亮的女孩子的背影，更合這位畫家的心意。她深愛她的丈夫，所以為此取笑了他，她也曾告訴過丈夫不要給自己買魚子醬。可這句話有什麼含義？

其實，她每天都希望能吃三明治加魚子醬。但由於她的生活一向儉樸，所以她並沒有這樣做；她也深知，只要她開口要求，丈夫就會立即買給她。但她卻不讓丈夫那樣做，以便可以繼續取笑他。

在我看來，這樣的解釋很牽強，但這些不充分的理由常掩蓋著沒有承認的動機。這使我想起伯恩海姆作催眠過的那個病人，當他對病人作「催眠後的指示」時，他問病人動機，病人並沒有回答不知道，卻編造出一個明顯不能令人滿意的理由；現在，我的這位女病人與魚子醬之間無疑存在著相似之處。非常明顯：她在清醒的情況下，情不自禁編造了一個無法實現的願望。而她的夢也同樣表明了此點。但她又為什麼要堅持一個沒有實現的願望？

我所得到的材料尚不足以對這個夢進行正確的解析。經過我的努力，她終於告訴我她故意遺漏的內容：前些天，她去拜訪一位女性朋友。由於丈夫總是稱讚她這位朋友，所以她有些嫉妒；所幸這位朋友長得很瘦，這才使她心安了許多，因為丈夫喜歡豐滿的女人。並且她的朋友還對她說：「我現在太瘦了，很想變胖一些。你打算什麼時候請我吃飯啊？你做的飯菜總是那麼可口。」

到這裡，我終於可以對這個夢做合理的解釋了。於是我告訴我的女病人：「其實在妳朋友要你請客時，妳就已經拒絕她了。因為妳害怕萬一她變胖了，會對妳不利。因此，你的夢代表妳並不想做晚餐，這就滿足了妳不想幫助妳朋友長胖的願望。而妳的丈夫為了減肥而不去參加任何宴會，也使妳很贊同一個觀點——到別人家吃飯會讓人變胖。」

好像一切都清楚了，夢中唯一沒有得到解釋的就是「燻鮭魚」，它又代表什麼意義？於是我又問她：「在你的夢中，為什麼會想到燻鮭魚呢？」她回答說：「燻鮭魚是我那位朋友最喜歡的佳餚。」這時我才想起，我也認識她所說的那位朋友，的確，這位女士儉樸得很，捨不得吃燻鮭魚，就像我的這位病人捨不得花錢買魚子醬一樣。

以上這個夢例，再加上一些附加細節，使我覺得有必要再作一次更準確的解釋。這兩種解釋方法，並不互相矛盾，反而能更加全面地反映這個夢的意義，並且可以因此瞭解多數情況下，形成精神病症需要具備的特徵。

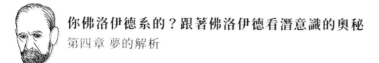
在這個夢例中，這個女病人沒有實現願望，她在日常生活中也沒有實現想吃魚子醬的願望，而那位曾表示希望變胖的朋友，在她的夢裡永遠無法變的豐滿，這一點很容易理解。所以，她要夢見的是有關魚子醬的願望，而非燻鮭魚，如此一來，我們就能得到一個新的解釋——夢中她不能遂願，其實並不是指她自己，而是她在夢中代替了朋友的角色。這句話如果用心理學理論來解釋的話，就是把自己「等同」了她朋友。

這裡需要解釋一下，什麼是歇斯底里的「等同作用」。等同作用在歇斯底里病症裡是一個極為重要的因素，它不但能讓患者在病症裡表達自己的體驗，還可以表現其他人的體驗——這些患者似乎可以感受到別人的痛苦，而他自己就會扮演多個角色。有人認為這只是相似歇斯底里模仿，也就是說，歇斯底里患者可以模仿別人顯露出來的痛苦，並引起別人注意的症狀，而且很有可能增強至重現的程度。但是這只是向我們表明，歇斯底里模仿遵循精神活動的規則，可規則本身並不是一種精神活動。精神活動遠比歇斯底里模仿的普遍特性複雜，它相當於一種經過推理而得出的潛意識。舉個例子可以說明：

一個患有特殊抽搐症的歇斯底里症女患者，和其他病人住在一個病房裡，有一個專門的醫生為她治療。如果一天早晨這位醫生發現，房間裡的病人都在模仿歇斯底里症抽搐，他一定不會感到奇怪，而會認為是其他病人看見後的模仿而已，這只是一種精神感應，醫生的觀點正確，而它是按照以下途徑產生：

一般來說，病人之間的瞭解，比醫生對他們的瞭解更多，當醫生查房後，病人們常常會相互詢問。假如，有一天一個病人突然發病，其他病人就會認為，這是由於一封家信，或不幸的婚戀，或其他事情引起的；他們的同情心被喚起，並在潛意識裡推論：「如果這種原因就能使這種病發作，那我也無法避免，因為我也有類似的情況。」這種推論如果深入到意識中，就會恐懼這種發作；但事實上，這個推論是在不同的精神領域發生，結果卻真正產生了那些令人恐懼的症狀。

因此，等同作用並非單純的模仿，而是建立在同情上的一種同化作用。它表現為一種類似性，被留在潛意識中的共性因素引起。

歇斯底里症狀中的「等同作用」，特別常應用於性相關方面。患這種病症的女性患者，常常將自己等同於曾發生過性行為的男性，有時還會把自己視為與丈夫或情夫有不正當關係的第三者。我們常形容愛情「永結同心」、「心心相印」等等，也證實了這種等同的趨向。在歇斯底里症的幻想中或夢境裡，患者只要聯想到性關係，即使這種關係不一定確實發生過，也能非常自然地形成等同關係。

所以我們說的女患者，正是遵循這樣的方式，按照本人的歇斯底里幻想，在夢中把自己等同於朋友，從而等同了她編造出來的否定願望的症狀。可以再進一步解釋：在夢中她替代了朋友，原因就是她朋友奪走了丈夫的歡心，故她想代替朋友獲得丈夫對自己的好評。

我的另一位患者，一個非常聰慧的女人，也做了一個與我的理論完全衝突的夢；同樣，我也使用了雖然「表面的願意」並未實現，卻實現了另一個「隱含的意願」的方法，使她信服。

事情是這樣：有一天，我告訴她「夢是願望的實現」。第二天她就對我說，她夢見她與婆婆一起去避暑。我知道平時她很反感婆婆，可夢裡她卻婆婆一起去避暑；我還知道，她很高興租了一間房子，而這間房子離她婆婆避暑的地方很遠。

從這個夢的顯意來看，正好與我的理論相反，但如此就能證明我的理論是荒謬的嗎？

由這個夢推理所得的解釋來看，我是完全錯誤；但其實她最大的願望，就是「希望我的理論是完全錯誤的」，而這夢也實現了她這一願望。她如此強烈地希望我出錯，只是因為我在為她進行精神分析治療時，她總是隱瞞一些事情；而我透過細緻的分析後，斷定有些事情一定發生過，並且與她的病有很大的關係。起先她極力否認，但在我一再追問下，她終於承認，那些事

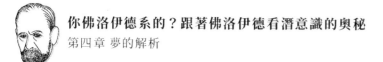
的確發生過。所以在她的心裡，就有了希望我出錯的強烈願望，並把這個願望轉移到夢裡，才會產生與她婆婆一起去避暑這樣荒誕的夢。

還有一個悲慘的夢，也是我的病人做的，同樣與我的理論相左。

這個病人是位年輕女子。她說：「不知道你記不記得，我姐姐現在只有一個孩子，就是卡爾。另一個大一些的男孩，奧托，在我與他們住在一起的時候就死去了。我很喜歡奧托，他幾乎是由我帶大的；我也很喜歡卡爾，但我對奧托更好。昨天夜裡，我夢見卡爾僵硬地躺在小木棺裡，兩手交叉平放著，周圍全是蠟燭，就跟當年小奧托死去時一樣，他的死讓我很難過。我想請你告訴我這個夢是什麼意思？我知道你瞭解我，難道我那麼惡毒，希望我姐姐連最後的一個寶貝兒子也要失去嗎？或者這個夢意味著我希望死的是卡爾，而不是我更喜歡的奧托？」

聽完她的敘述，我向她保證：絕對不可能是後一種解釋。沉思片刻後，我給了她一個合理的解釋，她對我的解釋也十分滿意；我之所以能如此，是因為我非常瞭解這位患者過去的一切。

這位女病人是一個孤兒，由比她年長許多的姐姐撫養成人。在那些常拜訪她家的朋友中，她對一位男人一見鍾情，一段時間後，他們已論及婚嫁，卻由於姐姐的干涉而未果，姐姐也沒告知具體的阻撓原因；從那以後，那個男人再也沒有去過她家，於是她移情到了小奧托身上。奧托死後不久，她開始獨立生活，但她始終不能擺脫對那個男人的感情，她的自尊心卻又使她極力躲避他，儘管後來也有人向她求婚，她卻始終無法轉移自己的愛情。那個男人是一個文學教授，每當他舉辦演講，她一定會去聽，不放棄任何可以遠遠看他的機會。我記得前天她告訴我，那位教授又要舉行一個演講，她又想去看那個男人——那個演講就在今天舉行，而前一天她就做了這個夢。如此，我可以較容易推理出解釋了，我問她，能否記起小奧托死後發生過什麼事，她立刻回答說：「當然，教授在相隔很長時間後再度來訪，在小奧托的木棺旁，我再次見到了他。」

這正是我所期待的回答，於是我作出這樣的解釋：「如果現在另一個孩子也死去，就會發生相同的事，你就會與你姐姐待在一起，而教授肯定會來

致哀——就和上次一樣，你又可以在同一個場景見到他。這個夢只不過表現妳希望再次見到他而已，這個願望也是妳一直希望實現的。我知道妳今天有演講會的入場券，妳的夢是一個焦躁的夢，它使妳提前幾個小時見到了他。」

為了掩飾她的願望，她選擇了一種通常會受到壓抑的場景——喪事。在這樣的情景下，人們心中充滿了悲傷，哪裡會聯想到愛情？這個夢甚至把完全真實的場景展現出來：即使她在鍾愛孩子的木棺前，內心仍不能抑制對這位長久未見訪問者的脈脈柔情。

以上分析的這個夢例，內容與親人的死亡有關，這在後面「典型的夢」一節中我還會深入討論。現在，我將更進一步證明：儘管有些夢的內容是不幸的，但它們仍應被解釋為「願望的實現」。

一位年輕的醫生，聽了以上那些，我關於夢的分析後，非常贊同我的觀點，因此他也使用這種方法，解析了他昨夜所做的夢。在他做這個夢的前一天，他在稅表上填報了他的工資數額，因為他的工資不多，所以他如實地填寫了那張稅表。但他卻夢見他朋友向稅務機關檢舉他少報工資數額，以便逃稅，所以稅務機關要重罰他——其實，這個夢也是經過改裝的，這位年輕醫生最大的願望，就是希望自己成為收入豐富的醫師。

上面那些例子，都屬於從表面上看與我的理論相反的夢，它們都含有「否認願望」或「隱藏憂患」等內容。如果我們把這些夢統稱為「逆願望的夢」的話，可以從中總結出兩個規律：

第一個規律——這些夢都有「希望我弄錯了」的動機。在我為病人進行精神分析治療時，如果出現「抵抗」心理，那他們的夢中就會出現類似的內容。事實上，在我初次向病人解釋「夢是願望的實現」這一理論時，幾乎總會引發他們「逆願望的夢」。

第二個規律——這些夢在我們的日常生活中經常出現，對於這一規律有必要認真地討論一番。

生活中有些人的性本質，或多或少存在著一種「施虐傾向」，還有由這種傾向轉變而成的「受虐傾向」。如果他們不是透過肉體上的痛苦來滿足自

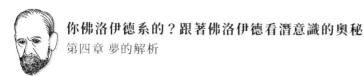

我，而是透過一種謙卑、受辱的自我犧牲方式來得到滿足感，就是典型的「受虐症」。顯然，這類人做的夢可能都是「逆願望的夢」，但這對他們來說卻是一種由衷的期盼，因為只有這樣，才能滿足他們的被虐傾向。

我可以列舉一個這樣的夢：

夢者是一個年輕人，早些年他曾折磨自己哥哥，他對哥哥有同性戀的依戀；而當他長大後，非常後悔過去的行為，並且有了根本性的改變。有一天，他做了一個夢，這個夢有三個部分：一是他被哥哥欺負；二是兩個同性戀男人正互相愛撫；三是哥哥未經他同意，就把自己名下的公司賣掉了。當他夢到第三個內容時，他因非常痛苦而被驚醒。

這個夢其實正是一個受虐者滿足自我願望的夢，可以這樣解釋：「如果哥哥真的像夢中那樣對待我，就可以減輕我以前對他做的種種罪惡，這是對哥哥的補償！」

我希望上面所提出的夢（如果沒有新的反對意見）足以說明，即使是令人沮喪的夢，仍然可以解析為「願望的實現」。夢中表現的一些令人不快的感受，正如平日裡對討厭的事的感受，這是在揭開夢的面紗之前必須克服的困難。這些令人痛苦的夢裡都有願望的存在，而這些願望常是我們心中的祕密，不願向任何人透露；若別人看破自己的心思說出這些祕密時，我們就會矢口否認，甚至怒不可遏。這一點我認為，可以把夢中出現的不快和夢的改裝結合，再予以分析，由此可以得到這樣的結論——夢之所以會被改裝，是由於夢裡反映的願望，在平日裡就被自我意識強烈地壓抑。因此，從夢的表象看來，夢並非是「願望的實現」。我們也能把夢的改裝比作一種審查制度，透過分析這些令人不快的內容，我們可以得到下面這個公式：「夢是（被壓抑的）願望的（經過改裝的）實現」。

▍解析令人焦慮的夢

按語：

「焦慮的夢」，即做夢時，對夢焦慮不安，因而從睡夢中驚醒。夢的內容引起我們的焦慮，本質就是對某一事物或觀念的焦慮；再進一步追究，夢中的焦慮，是由於潛在思想中的不愉快情感。做夢時，夢念中所有痛苦不快的內容，雖化為願望的滿足，然其中不快的情感始終不變，且這種焦慮不能被夢的檢查作用制服──所以夢者在願望實現的同時，會感到焦慮不安，甚至被驚醒。

還有一種夢類似於「痛苦的夢」，它可以稱為「焦慮的夢」。如果說這種夢也屬於「願望的實現」，想必會讓那些外行人更加難以接受，我可以先用簡潔的說明這種焦慮的夢。

透過夢來表現令人焦慮的內容，實際上並不屬於「夢的解析」的範圍（有關「焦慮的夢」的理論，已構成了精神官能症心理學的一部分）。夢中那些內容引起我們的焦慮，如果我們對這樣的夢進行解析，就會發現：它由平日的某些意念引發，就像恐懼症患者的焦慮一樣。例如，可能會從窗口掉下去是事實，所以我們在窗口就會很謹慎；但對於恐懼症患者來說，他們往往會對窗口表現出強烈持續的恐懼，且這種恐懼遠遠大於正常人對此表現的謹慎。這個關於恐懼症的解釋，在「焦慮的夢」中也同樣適用，它們有相同的本質，即對某一事物或觀念的焦慮。

對我們來說，產生焦慮的過程也能實現願望，且並不互相矛盾。對此，一些外行批評家會提出質疑：「假如夢是願望的實現，那麼夢者應該是愉悅的，不快、痛苦、焦慮又怎會出現在夢中？」

他們的理論似乎很正確，而要解答這一問題，我們就要瞭解「為什麼會做焦慮的夢」；在此首次面臨了夢中的感情問題，這個問題非常錯綜複雜，原因在於以下三點，而這三點也正被那些外行批評家所忽略。

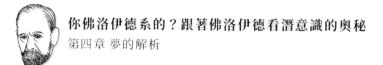

首先，夢的運行（譯註：隱夢變為顯夢的過程叫夢的運行；反之，由顯夢迴溯到潛在思想的過程，便是解析夢。）有時不能完全使願望實現，因此隱念中的不快情感，有一部分出現於顯夢中。分析的結果是，這些隱念的痛苦不快，遠比這些隱念引起的夢更加強烈，這點從每個夢都可以得到證實。所以我們承認，夢運行無法達到目的，正如因口渴而夢見喝水，但口渴卻並不能被真正消除一樣，故夢者在夢醒後，仍會因口渴而不得不起來喝水；然而，這也不失為適當的夢，因為它仍保留著夢的基本性質。我們必須說「雖然力量不足，但仍不失為願望的實現」，無論如何，其明顯的意圖仍是值得讚美的。

這種失敗的例子確實不在少數，而其失敗的原因是：雖然很容易能以夢的運行改變內容，但如果要以夢的運行產生需要的情感變化，卻非常困難。情感時常是倔強的，所以在做夢時，夢念中所有痛苦不快的內容，雖化為願望的滿足，不快的情感卻始終未變。這導致情感和內容非常不調和，遂使批評家有機會肯定：夢不是願望的實現。也正由於這一情感，甚至連夢中無害的內容也伴有不快的情感。對於那些不明智的批評，我可以回答說：做夢時，最明顯的實現願望傾向，便在這種夢裡——因為這種傾向在這些夢裡互相分離。他們的批評之所以錯誤，是因為他們不熟悉精神官能症患者，總愛想像比實際關係更密切的情感關聯，因此才無法瞭解：即使內容改變，情感也可以不變。

第二點更為重要，也更深刻，但也常被一般人忽視。滿足願望的確會產生快感，但是我們要問：「究竟是誰產生了快感？」感到愉快的當然是有此願望的人；然而我們明白，做夢者對於願望的態度很特別：他捨斥、指責這些願望，不願意有這些願望。所以滿足這些願望並不會使他快樂，反而使他不快。這種「不快」，由經驗可以知道，形成了夢者的「焦慮不安」，但它仍需要被解釋。就其願望而言，做夢者恍如兩個人，由於某些共同點而緊密地合為一人。

我不想再擴大這一問題，只想告訴你們一個著名的童話故事，從這個故事中，便可看出這些關係：

一個和藹仁慈的仙女想要滿足一個窮人與其妻子的三個願望。他們非常高興，因此決定要十分慎重的選擇他們的願望。但那個女人因聞到鄰人煎香腸的香味，食指大動，下意識希望有兩條香腸，而她一動念，香腸就出現了，第一個願望因此被滿足；男人為之勃然大怒，憤怒之餘乃希望這兩條香腸掛在妻子的鼻端上，這個願望也實現了，香腸遂掛在了妻子鼻端，無法拿下來，但這個男人的願望，自然使他太太非常憤怒。這個故事的結局，你們大概都已知道：他們畢竟是夫婦，所以他們的第三個願望，即是使香腸離開女人的鼻端。我們也許可以屢次運用這個童話故事，來比喻其他事，但在這裡只需說明一個事實：即一個人的願望滿足，能使另一人不快，除非兩人同心協力。

現在對於焦慮不安的夢，便不難圓滿的解釋了，只是還有一點尚需討論，才能採用許多觀念支持的假說。這一點就是：焦慮的夢的內容，往往沒有經過偽裝；換言之，它逃過了檢查作用。這種夢常常是一種毫無掩飾的願望實現，但做夢者當然不能接受這個願望，而被他所摒斥——於是產生了焦慮不安，代替了檢查作用。兒童的夢因為被公開而感到滿足；而普通、已偽裝的夢，則是潛抑願望隱祕的滿足；至於焦慮的夢，則是潛抑願望被公開的滿足。

焦慮乃是表示，被潛抑的願望力量太大，無法被檢查作用制服，所以即使有檢查作用，仍然能得到滿足，或接近滿足。因為我們站在檢查作用的立場上，所以可以瞭解，滿足被壓抑的願望會產生不快的情緒，而引起我們的反抗。因此不妨把夢中的焦慮不安，作為無法制服的強大願望力量。而我們無法單由研究夢，獲知這個抵抗為什麼會形成焦慮不安，顯然我們應在其他方面加以討論。

未經偽裝、焦慮的夢適用的假定，也可解釋那些稍微被偽裝的夢，以及其他與焦慮一樣不快的夢。焦慮的夢往往常常使我們驚醒，即往往在被壓抑的願望制服檢查作用前、獲得完全的滿足前，就驚醒。這種情況下，這些夢並沒有達到原來的目的（即保護睡眠的目的），但基本特性卻未改變。我們曾把夢比喻為「守夜者」、「睡眠的守護人」，目的在保護睡眠不受到干擾；而若這個守夜者力量不夠，無法抵抗、趕走干擾，就必須喚醒睡眠者——夢

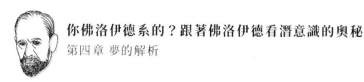
正和與此相同。我們有時雖因夢而感到不安焦慮，卻仍能繼續沉睡，因為我們在沉睡中自我安慰道：「這畢竟只是一個夢。」

你們也許會問：夢的願望什麼時候才能克服檢查作用。這一方面要靠願望，另一方面要靠檢查作用。也許由於某種理由，願望的力量會非常強大，甚至超過檢查作用，但是據我們得到的印象，二者的勢力平衡之所以改變，常常是出於檢查作用的態度。我們已知道：檢查作用因不同的情況而有不同的運作，夢的成分不同，就會面臨不同程度的嚴屬。現在我們可以再加一句：檢查作用的行為是不定的，即使是同樣成分，也不一定會表示同樣的嚴屬。假如檢查作用忽覺無力抵抗夢的願望力量，它便不再偽裝，而採取最後的手段：使夢者焦慮不安，而破壞睡眠。

在這一點上，我們竟仍然沒有任何觀念、不瞭解這些罪惡的願望，何以單單會在晚上出現，干擾我們的睡眠。如要答覆這個問題，一定要以睡眠的另一個本質為假設基礎：白天，檢查作用的沉重壓力施加於這些願望上，自然使它無法侵入意識；但一到晚上，檢查作用也像精神生活的其他作用一般，因睡眠而暫時鬆弛，或力量大為減弱，被禁止的願望遂乘機活動。有些患失眠症的精神官能症病人，自認失眠最初是主動的：亦即他們不敢入睡，因為他們害怕做夢——也就是說，他們害怕檢查作用鬆弛後可能產生的結果。可輕而易舉的瞭解，雖然睡眠會破壞我們的活動機能，罪惡的意念乘機而起，但頂多也只是做夢，實際上並無妨害。在這個安逸的情形中，睡眠者因此可以說：「這只是夢而已。」遂由它去，而再度入睡。

第三點，你們應該記得：做夢者反抗自己的願望時，像是兩個不同的人，因為密切的關係而結合，便能知道還有一種方法，可使滿足願望後產生不快——就是懲罰。我們可以再藉前述的童話故事加以說明：盤子上的香腸是第一個人（即妻子）願望的直接滿足；鼻端上的香腸則為第二人（即丈夫）的願望滿足，同時也是懲罰妻子的愚蠢願望；而在精神官能症裡，我們可以發現與這個童話裡第三個願望相似的動機，也是他唯一的動機。在人類的心理生活上，有很多這種懲罰傾向，並且都十分強大有力，有些甚至可視為是形成苦痛的夢的主要原因。

　　你們現在很可能會以為，就這種痛苦的夢來看，並沒有什麼願望滿足可言；然而只要深入探究，便會承認自己的意見是錯誤的。現在如果把夢是什麼東西——或確實為什麼東西，如某些學者所說的——的各種可能互相比較，則願望的滿足、焦慮的滿足、懲罰的滿足等說法，確實十分狹隘；然而焦慮本來就是直接願望的反面，而反面和正面在聯想中很容易並排，在潛意識裡融合為一，這也是我們已經知道的；而且，懲罰本身也可說是願望滿足，換言之，是檢查者的願望滿足。

　　由以上三點，我們瞭解了為什麼會做「焦慮的夢」，也明白了「焦慮的夢」亦屬於「願望的實現」。由此，那些批評家所提出的質疑就顯得漏洞百出、不堪一擊了。

▌夢的材料與來源

按語：

在這一節裡，佛洛伊德論述了夢中記憶材料具有的三個特點：一、夢的內容都是最近發生的，並且給人留下較深的印象一；二、夢所選擇的材料都是一些無關緊要的小事，完全不同於人在清醒狀態下選擇記憶的規律；三、夢的記憶材料被兒時的早期印象制約，對於兒時發生過的一些小事，雖然早已忘記，夢卻又重新拾起。

如果你問我「夢中的情景究竟是怎麼來的？」我會立即以我的經驗回答：「它們源自這個夢前一天經歷的事」。因此，我在對一個夢進行解析時，會先問清夢者做夢前一天發生的事情，然後嘗試找出這些事與夢的聯繫。對多數夢例而言，這的確是一條捷徑，在前面伊瑪和我叔叔的這兩個夢例，就可以發現，它們都與前一天發生的事緊密相連。為了進一步證明這個結論的正確性，我將把我一些夢的筆記呈現給讀者，以下就是我記錄的一些夢，以及它們各自的來源——

一、我去拜訪一位非常討厭我的朋友……同時卻讓一位女士苦等著我。

來源：前一天晚上，我曾和一位女親戚在一起，她對我說，一定要等到那筆急需的錢匯到她的帳戶，就算……

二、我寫完了一本關於某種植物的專著。

來源：那天早晨，我在書店櫥窗裡看到一本櫻草屬植物學方面的專著。

三、我在街上看到兩個女人，她們是母女，女兒是我的病人。

來源：前一天晚上，一位正在接受治療的女病人對我說：她媽媽反對她繼續在我這兒接受治療。

四、我在一家書店訂購了一份雜誌，這本雜誌的定價是二十弗羅林。

來源：前一天，我妻子要求我每週都要給她二十弗羅林。

五、我收到一封來自社會民主委員會的信，信裡稱我為會員。

來源：我幾乎同時收到自由選舉委員會和人權同盟委員會的來信，而我的確加入了後者，成為了會員。

六、有個男人沿著海邊的峭壁走上來，就像伯林克一樣輕鬆自如。

來源：《妖島上的德利佛斯》這本書，以及美國的幾個親戚對我講述的事情。

說到這裡，你也許會這樣問：「這些與夢相關的接觸點，究竟是夢前一天發生的事情，還是可以追溯到近期一段時間內的印象？」這個問題當然不是至關重要，但我仍想對當天發生的事與夢之間的關係進行解釋。每次只要我發現，我的夢的來源是兩三天前發生的事，就會特別細心分析。結果我發現：儘管這些夢源於兩三天前發生的事，但在做夢前一天我曾回憶這些事進；也就是說，我的回憶促使夢的形成。最近所發生的一些事，確實勾起了我往日的回憶，故重現在夢中。

我確信所有的夢都源於「入睡前的一些行為」。那些許久以前發生的事，其實與最近幾天裡發生的事一樣，都會成為夢的內容；如果很久以前什麼事的印象，與做夢當天的某些經歷有關聯，那麼，夢的內容就會是人們一生發生過所有的事情。

細心的讀者會發現：前面眾多的夢例，夢的顯意只是涉及了一些無關緊要的瑣碎印象。這一點可以說明夢的內容，很大一部分是平日裡的瑣事；但經過細心地解析後，會發現夢的隱意卻是關鍵、重大的事件，而如果我們按照正確的方法解析，就能揭示出夢真正的含義。這個意外的結論說明：「夢的內容是前一天的瑣碎小事」是不可靠的，而我也必須反對「清醒狀態下的精神活動不會延續到夢中」的觀點。

另外，「夢使我們的精神能量浪費在瑣碎小事上」的說法也是荒謬的。正確的觀點是：「白天發生的重大事件，是夢的根源；這些事之所以會在夢中重現，是因為在入睡前，我們對它費盡心思。」

但是，為什麼夢到的都是一些無關緊要的瑣碎小事，卻隱匿異常激動的重要印象？最好的解釋，就是利用我在「夢的改裝」現象裡提到的「檢查作

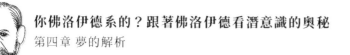
用」。以那個「沒有成功的吃晚餐」的夢為例，很容易就能看出其中的關係：女病人的朋友喜歡吃燻鮭魚，而她本人的內心反映她朋友的人格，就可以發現之間的聯繫，而這些聯繫又使這兩個「意念內容」融匯在一起。因此，我們可以說：「第一個事件實際上就是在暗喻第二個事件。」

如今我已解析過非常多的夢，多少累積了一些經驗，而我深信這種解析得到的結論是可信的。在夢的解析過程中，我們發現：夢的形成產生了一種「移植現象」。就心理學術語來說，就是一個比較弱小的現象，必須從一種強大的觀念裡攝入一些內容（能量），當達到一定的強度時，它就會強行出現在人的意識中，而這種移植現象普遍存在我們的日常生活中。

事實上，夢的材料這種「瑣事原則」（夢的內容通常是一些瑣碎之事），正是經過「移植作用」後產生的「夢的改裝」現象。如前所述，夢的改裝源於被壓抑的願望，從而將夢改裝成與隱意完全相反的現象。透過夢的解析，我們最終可以知道：那些夢的隱意來源，究竟與人們白天的哪些經歷有關，這種來源的印象又是如何「移植」到哪些無關緊要的印象上。

瑣事的印象與潛意識中夢真正的根源，起初並沒有任何關聯，而是在事後才逐步擴大。就像我剛才提到的「移植作用」，它使夢朝著特定的方向發展。其實，我們也可以設想：如果這些「瑣事印象」不具備某些特性，那夢的運行方式就真的是如煙似霧、難以思索了。

或許以下經驗可以給我們一些啟示：如果同一天裡，發生了兩件以上重要的事，那麼我們的夢就會綜合這些不同的事情，當中似乎存在著合併事物的強制力量，。

在此我舉一個夢例。一個夏天的下午，我在火車的車廂裡偶遇兩位朋友，但他們彼此並不相識。一位是很有名望的同事，另一位是我經常去替他看病的貴族子弟。儘管我為他們作了介紹，旅途中他們仍然無法溝通，只是與我進行單獨的談話，我只得非常努力地分別與他們聊天。當時，我向那位同事推薦一個我們這行的新手，同事說他信任這個年輕人的能力，但由於這個新手的相貌醜陋，難以被人器重。我也附和他說：「正因為這一點，我才認為他確實需要你的幫助」；過了一會兒，我又與另一位攀談起來，向他詢問他

叔母（我另一位病人的母親）的情況，因為我聽說她身體極度虛弱，甚至臥床不起。

就在當天夜裡，我做了這樣一個夢：我想要幫助的那個年輕人，在一個華麗的大廳裡，周圍都是一些有名望的大人物。後來我才知道他們正在參加一個追悼會，死者正是旅途中那個富家子弟的叔母（在這個夢裡，那個老婦人已經去世了，我也承認我與這老婦人的關係一直都很僵）。就這樣，我把白天的兩個事件結合在一起，形成了一個簡單的夢。

無數次這樣的經驗讓我得出這樣一個結論——夢總是受制於一種「強制規律」。在這種「強制規律」的制約下，夢把不同的印象結合為一個獨立的整體，這種綜合性的「強制規律」，我並不打算在此詳細討論，我們只要知道它是一種「原本精神步驟的凝縮作用」就夠了。

下面我們要討論的問題是：夢內容的材料來源是否都是最近印象（一些具有重大意義的事情），或是那些夢者覺得非常有意義的想法、觀念，並且這種印象、想法可以不受時間限制，只要一想到，就能夠形成夢。透過大量的研究和分析，我發現：夢的來源純屬一種主觀心理的活動，它透過當下的精神活動，把以往的一些印象改變成最近發生的印象。

從上面的論述中，我們可以發現夢的來源有以下幾種：

一、最近發生的、並且對夢者本人有重大意義的一件事，可以在夢中得到直觀的體現。比如：伊瑪的夢、我叔叔的夢。

二、最近發生的、並且具有重大意義的幾件事，這些事件往往綜合成一個整體。比如：那個年輕人與老婦人的追悼會，綜合在一起的夢。

三、最近發生的、並且具有重大意義的一件或幾件事情，在夢中表現為無關緊要的一個整體。比如：植物學專著的夢。

四、對夢者本人具有重大意義的一些想法、觀念，在夢中表現為另外一個最近發生的、無關緊要的事件。在我的病人中，這樣的夢為數眾多。

在夢的解析過程中，我發現一些夢的內容，正是最近某些事件的直觀表現，而這些內容很可能與做夢的動機屬於同一意念。或者也可能是一個最近發生的、無關緊要的想法，透過主觀的聯想後，與做夢的動機產生關聯。由於夢對材料來源的選擇非常廣泛，所以夢的內容也是千變萬化。夢在形成過程中，由於「移植作用」，夢對材料來源產生了一種「選擇性」，使夢具有了多種不同程度的內容，就像從醫學角度來理解「人們各種意識形式的變化程度」，通常被認為是腦細胞從不完全活動到完全活動的變化過程。

除了以上提到的四種來源，我們還會發現另外一種來源：一種過去發生，具有重大意義的印象（一系列的想法），在夢中會表現為一件最近發生、但無關緊要的小事。出現這種情況需具備以下兩個條件：第一，夢中的內容與最近發生的事緊密相關；第二，做夢的動機對夢者具有重大意義。而我剛才提到四種來源裡，只有第一種能同時符合這兩個條件。現在，我們已經知道那些類似的、不重要的印象，如果是最近發生的話，仍可以成為夢的材料來源。但要是這樣的印象被拖延一天或幾天，就不會再在夢裡出現了。這樣一來，我們也會認為在夢的形成過程中，印象的「最近性」與該印象所需的情感記憶，有著相一樣重要的地位。

現在我們仍面臨這樣一個問題：如果一些無關緊要的小事在夢中出現，並與最近發生的某件事相聯繫的話，有些內容卻是一些很早以前發生過的事件，且這些事件並沒有留下深刻的印象，那在當時為什麼不沒有忘掉它們，以至於在最近的夢中出現？

對於這個問題，我認為可以從那些精神病患的精神分析中找到答案：那些早先發生、具有重大意義的事件，在發生不久後就被移植、重排，被替換成了一些無關緊要的小事，這個「替代品」也就留在我們的記憶裡。換句話說，這些看似無關緊要的小事，其實都是我們心靈裡某些具有重大意義事件的替代品，否則，它絕不會在我們的夢中出現。

透過對大量實例的分析，綜合其他學者在這方面所做的工作，我們發現夢的第三個特點——夢的內容有時是我們早已忘卻的兒時經歷。從這樣的夢

醒過來後，根本不可能把夢中的所有情景記清楚，也就無法得知這種類型的夢發生的頻率。我們要想證明兒時的經歷，就必須有客觀、合乎情理的證據。

在日常生活中，這樣的夢例實在太少了。莫里曾說過一個非常經典的夢例：

一個在外漂泊二十多年的人想要返回他的家鄉，就在臨走的那晚，他夢到自己在一個完全陌生的地方，和一個陌生人交談；當回到家鄉後，他才發現夢中的那個陌生地方正是他家鄉，而那個陌生人，正是他去世父親的一位還健在的至交，且還在當地居住。

這個夢清晰地重現了他兒時的一些經歷；當然，這個夢更可以反映出他思鄉心切。這個夢還可以理解為一種急切的夢，就像那位將要去聽演講姑娘的夢，還有將要和爸爸一起去旅遊的小女孩的夢一樣，都非常直白。可是，做這些夢的動機是什麼？如果不解析，就無法得知真相。

有一種「經常顯現」的夢，不用透過解析就能知道緣由──兒時做過的夢，到了成年後仍會浮現在夢裡。雖然我沒有做過這樣的夢，但我的身邊卻有一些這樣的夢例：一個三十多歲的醫生，曾對我說他從小時候到現在，經常會夢見一隻黃獅子，而且可以詳盡地描繪出夢中的情形；後來他找到了一個早已被他淡忘的瓷獅子，他的母親告訴他，這個瓷獅子正是他兒時最喜愛的玩具，但他對此早已毫無印象。

透過對此類夢例的解析，我們會發現：引起這些夢的願望及其他願望的實現，均源自兒時的經歷。令我們驚奇的是：在夢中，那段早已遠逝的兒時歲月及當時的所有衝動，依然存在。

我們來重新討論先前那個很有意思的夢──我的朋友 R 先生變成了我的叔叔。當時我對這個夢的解析結果，是我能實現被晉升的願望；而夢裡我對 R 先生特別的情感，被解釋成我詆毀了兩位同事的反證。雖然是我本人的夢，但我對這樣的解析結果不甚滿意，所以打算更深入的解析。儘管我在夢中如此詆毀兩位同事，現實中我對他們的評價卻很高，而且我認為自己對晉升與否，並沒有到做夢都要惦記的熱切程度。假如我真有這樣的「上進之心」，

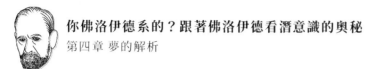
就是擁有一種失常的野心，早該為此羞恥不安。當然，這只是我自己的觀點，也許別人正認為我是這種富有野心的人吧！如果我真是一個有野心的人，那一個「副教授」的頭銜就能使我滿足嗎？

可是，這份野心確實在我的夢中表現出來了，而它到底源自哪裡？我想到了一件兒時經常聽到的事：在母親生我（我是母親生的第一個孩子）那天，一位老婆婆曾對母親說：「這個孩子將來一定能成為世上傑出的人物。」聽到這樣的話，再加上一些親戚的附和，母親高興極了。我想，那位老婆婆一定是因為自己沒有這樣的福氣，就把她的希冀傾注在新生兒身上，才對母親說了這些恭維的話吧！可是單憑幾句世俗的話語就能成為我「野心」的淵源嗎？

我突然又想起一件事來，它發生在我孩童時期，也許它更具有說服力：那時我大概有十一、十二歲，我們一家還在居住在普拉特。一天晚上，全家到一間常光臨的飯館吃飯。當時飯館裡有一個貧困潦倒的詩人，他能按照你出的題目即興作詩，以此求得餬口的飯錢。當時他正挨著飯桌討錢，父親讓我去把他叫來為我們作首詩。可是在父親還未出題之前，他就主動為我作了首小詩，並且說我將來一定能當上部長級以上的大官；直到現在，我還記得當時聽到這些話時的得意勁。而幾天後，父親帶回來幾個已經出名的大學同學肖像，並掛在客廳裡為我們的門廳增光，而這些出名的人物裡也包括幾個猶太人——也許就是這件事，我在進入大學前的最後一刻，才從法律改成了醫學，畢竟一個學醫的人永遠不會當上部長。

現在，我們回到這個夢來，就會瞭解我目前「枯燥的日子」與「部長的日子」間的天壤之別，正是因為我欠缺這種「年輕時的野心」；至於那兩位我素來敬佩的同事，正是因為他們都是猶太人，所以我在夢中以「呆子」、「罪犯」來詆毀他們，這種情形就好像我是一個高高在上、手握大權的部長，也許是因為尚未被晉升，所以我就在夢裡扮演了這個「部長」，並做了這些荒唐事。

經過對夢的深入分析，我們就會發現：有許多夢的材料是兒時經歷，並在夢的隱意起源裡占有一定的地位。

在一般情況下，兒時的經歷會隱祕地顯現於夢的顯意中，再仔細地分析後才會露出真面目。但要印證這種類型的夢很難令人信服，原因是沒有任何證據可以證明這些兒時經歷的真實性，這種很久以前發生的事，在記憶裡早已模糊不清。所以「兒時印象在夢中重現」這一結論，只能以收集、分析資料的結果來證實。

▌幾種典型的夢

按語：

　　每個人都是以自己的性格特點，來構築自己的夢幻世界，外人則會對他的夢難以理解；但有一些內容相同、意義相近的夢，每個人幾乎都做過。這種最為典型的夢，正是本節的主要內容。本節佛洛伊德將帶我們走進夢的世界，探索夢的奧祕。

　　一般情況下，假如夢者隱瞞了夢中的一些隱含意念、想法，我們就無法合理解析這個夢，而這將嚴重制約我們的解夢工作。這種說法還需補充一點：當夢裡含有「象徵因素」的時候，解夢就不需要這些意念、想法；在這種情況下，我們所採用的解夢方法，準確地說叫做「輔助的解夢方法」。

　　每個人都是以自己的性格特點，來構築自己的夢幻世界，外人則會對他的夢難以理解；但有一些內容相同、意義相近的夢，每個人幾乎都做過。這種最典型的夢，不管夢者是誰，來源幾乎都相同；因此，研究這些夢將有助於探討夢的來源。這裡，我把它們作為一整節的內容來討論。透過對這些「典型的夢」的解析，就能發現這種解夢方法的作用；而若我們的方法尚有不足之處，還能以此修改、完善。

　　【令人難堪的裸體夢】

　　在夢中，夢者一絲不掛地（或穿的衣服很少）出現在陌生人面前，也不會讓夢者覺得難堪羞愧；但這裡我們要探討的是相反的情況：夢者夢到自己裸體，並感到難堪，很想躲避，但似乎又被束縛住，無論如何都不能改變這種窘境。具有這樣的特點的夢才是我們需要探討的內容，否則夢的核心內容就會包含諸多關係以及各式各樣的個人特徵。這種夢的關鍵是：夢者在夢裡感到羞愧、難堪，想儘快改變現狀，但又無能為力，我想絕大多數的讀者都做過類似的夢吧！

　　一般而言，夢中的裸露程度非常模糊，夢者可能會辯解：「我穿著內衣。」但事實上通常無法確定。很多情況下，夢者都用一種含糊的方式表達夢中的

裸體情形：「我好像是穿著內衣或是襯裙之類的衣物。」但這類衣物通常沒有單薄到，會引起夢中那麼深刻的羞愧感。

而通常夢中出現的旁觀者，都是陌生人，且沒有確定的外貌特徵。在這種典型的夢裡，夢者通常不會由於裸露而受到別人的責備；相反，這些人表現出一副冷漠的表情，或是像我曾經留意過的一個夢，夢裡那些人的表情呆板僵硬，而這一點值得我們認真考慮。「夢者本人的難堪」和「別人的冷漠」形成了強烈的對比，從夢者的角度來看，這些人多少應該表現出驚訝，或是對他嘲笑、訓斥。

而我認為這種情況下，夢中「願望的實現」代替了別人厭惡的表情，但夢者感受到的難堪卻由於某種原因保留了下來。對於這個被「願望的實現」改裝的部分，我們還不甚瞭解，但這個現象確實存在；而據此，安徒生才寫下了那篇童話〈國王的新衣〉。在這篇童話裡，兩個騙子為皇帝織了一件所謂「只有高貴和誠實的人才能看見」的衣服。於是國王就穿上了這件連自己都看不見的衣服，而那些裝腔作勢的大臣和虛偽膽小的人們，都稱讚國王的衣服是如何高貴華麗，而不敢承認國王確實是赤身裸體。

其實，我們夢中也會出現這樣的情景。我們可以做一個假設：夢中出現的那些無法理解的內容，正是由於這赤裸的情形，而喚起了某些記憶。但這些記憶的情景並不具有原有的性質，而有了新的刺激意義。由此我們可以發現：在某種意識裡，「續發精神系統」將如何「曲解」夢原有的內容，它也是決定夢最後形式的重要因素；另外，在形成恐懼症或強迫意識的過程中，這種「曲解」（相對於具有同樣的心理人格而言）也非常重要。

我們甚至還能知道什麼材料會產生這種曲解：夢其實就代表那兩個騙子，夢者本人就是國王，而被曲解的事實是因為道德方面（只有誠實的人才能夠看到這件衣服）的原因而曝光，這些表達了夢的隱意——被抑制和禁止的願望。從我分析心理患者的夢來看，我發現：夢者的兒時記憶，在他們的夢中占有很重要的地位。因為只有在兒時，我們才不會在親戚、保姆、傭人、甚至是陌生人的面前，因為自己穿著極少的衣服而感到羞愧；有某些年紀稍大的孩子，當他們脫下衣服時，不但不會感到羞愧，反而會高興地跳著叫著，

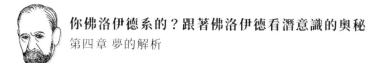

還不時拍打自己的身體，這時母親或其他在場的人會嗔怪說：「喂！趕快穿上衣服，丟不丟人呀！」也許小孩就有這種在人前裸露身體的慾望。

我們可能會有這樣的經歷：當路過一個小村子的時候，總有幾個兩三歲的小孩，當著我們的面解開衣扣或是撩起裙衫，也許是用這種方法來向我們問候吧！我的一位病人就清楚記著這樣一件事：他八歲時，有一天睡前，他非要只穿著內衣去他妹妹的房間裡跳舞，但最後還是被傭人制止了。精神病患對兒時在異性小孩面前暴露身體的記憶，有著深刻的印象，患有妄想症的患者在脫衣服的時候，會產生一種被人窺看的妄想，這也可以歸咎於兒時的某些經歷；而那些性變態患者的「暴露症」，通常也是因為兒時的暴露慾望不斷增強而引起。

每個人的兒童時代都很天真無邪，人們成年後回想起那段日子，時常有「置身於天堂」的感覺；事實上我們每個人在童年裡，都曾想過天堂能實現自己的很多幻想，這就是在天堂裡不會為自己裸體感到羞愧的原因。人們一旦產生羞惡之心，就會從樂園裡被驅逐，產生了性與文化，並不斷發展，人們只有在夢中才能重溫天堂般美好的昔日。我們曾作過推測：那些最早的兒童（三歲以前）印象，都是本能慾望的直觀表現，所以這些印象的重現就是願望的實現。由此看來，裸體夢的實質就是「暴露夢」。

「暴露夢」的主角通常是現在的夢者，而不是童年的形象。日常生活中的穿衣情形與「檢查作用」，使夢者在夢裡往往不是全裸，而是一種「衣冠不整」的樣子；接著夢裡出現了一個陌生人，引起夢者的難堪。在我手邊這種類型的夢例裡，我發現：夢裡的那些旁觀者，並不是童年時期在旁觀看的那些真實人物，因為夢並不是單純的回憶；令人奇怪的是，那些歇斯底里症患者和強迫症患者兒時的「性」興趣對象，也不會在夢中出現的，旁觀者卻會出現在妄想症患者的夢中，儘管患者本人看不見「他」，卻可以荒誕地肯定那個「他」就在身邊。

可是夢中的旁觀者，為什麼會被替代成不留意夢者難堪場面的「陌生人」呢？事實上，這正是夢者想在熟人面前暴露願望的一種「反願望」。夢中的「陌生人」有時還會有別的意義，但從「反願望」來看，它通常代表一種隱

祕之事（夢到「所有的親人在場」也是同樣含義）；我們還可以發現：妄想症患者夢到的那種「往事重現」，也能符合這種「反願望」，他的夢中並不是只有夢者一個人，一定有另外一個人（或一些人）在窺視他，而這個（些）人的形象也是「陌生的、特徵模糊的、奇怪的」。

在這種「暴露夢」中，「檢查作用」也會有一定的力量，完全裸露的影像會被禁止，因此在夢中無法清晰地顯現出來。由此我們可以看出：夢中的那種尷尬感覺，完全是由「續發心理系統」引起的反應；而若要避免這種令人不快的感覺，只能中斷夢中的情景。

【親人之死的夢】

剛才我們所講的那種夢其實算不上「典型的夢」，解析這樣的夢，可以發現它暗示著某種隱祕、無法從表面獲知的願望，而這個願望才是夢真實的內容。但夢者不會感到哀傷，因為這種夢的情感不屬於夢的顯意，而是隱意，並且這種「情感內容」並沒有經過「改裝」，仍然保持著「觀念上的內容」。

可是在另一種夢裡，夢者卻夢到了親友的死亡，使夢者感到哀傷悲痛。從夢的顯意來看，夢者本人有希望自己親友死亡的願望，但曾做過這種夢的讀者們一定會對此產生懷疑；故以下，我將儘量採用能夠令人信服的理由，來說明這種夢境。

在我先前舉的一些夢例中，一些被實現的願望並不是夢者當前的願望，很可能是以前的、遺忘的，或被深深被壓抑的願望。我們不能因為它曾經在夢中出現過，就認為這些願望還繼續存在意識裡，不過它們確實沒有完全消失，並不是像人死後徹底地歸於虛無——倒是與《奧德賽》裡的幽靈有些相似，一旦喝到人血就再度復活。

我們先來考慮一下小孩與兄弟姐妹的關係：

人們總是認為兄弟姐妹永遠充滿了關愛，這一點我怎麼也想不明白。事實上，我們每個人都曾怨恨過他們，而且這種疏遠可以被證明源於兒時心理，有的至今仍未消除；儘管有些人確實很周到的照顧弟妹，但他們的心裡仍然存在著兒時產生的怨恨和敵意。兄長打罵弟妹、搶奪他們玩具，年幼的只有

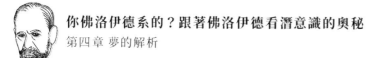

忍氣吞聲，並對兄長充滿了畏懼和忌妒；後來這些年幼的小孩首次為「獲得自由」而引發鬥爭，或對自己不公平的境遇進行反抗，也都是針對兄姐。每當孩子們爭吵時，父母們總不停抱怨，卻找不出其中的原因。我們無法要求一個小孩擁有成人的成熟性格，而小孩絕對是利己主義的，當他有了一個願望，就會迫不及待想去實現它，而一旦出現競爭對手（也可能是別的小孩，但多數情況下還是兄弟姐妹），更會竭盡所能地去實現願望。

但我們並不會因此稱他們為壞孩子，我們只會說他們調皮搗蛋，畢竟他們年紀太小，無法判斷行為的對錯，也無需為自己的過失負法律責任。當他們到了所謂的「童年期」時，幼小的心靈萌發了道德觀念和助人為樂的意識。如果用梅涅特的話來說，就是由於「續發自我」的產生，從而壓制了「原發自我」。當然，這種道德觀念並沒有在所有方面同時發展，童年時期中的非道德期也因人而異。我們通常把發展失敗的道德觀念叫做「退化」，其實這只是一種「遲滯現象」。「續發自我」的產生，使「原發自我」漸漸被掩蓋，但在歇斯底里症患者發作時，我們多少能發現「原發自我」。我們發現：在「歇斯底里個性」與「頑童」之間，確實存在著非常明顯的相似之處；而強迫症患者卻恰恰相反，他們是因為「原發自我」過於明顯，才使「道德觀念過分的發展」。

許多人與兄弟姐妹相處得非常和睦，並會對他們的死亡悲慟欲絕；但在他們的夢裡，仍能發現潛意識裡兒時的敵意，直到現在也沒有完全消亡，甚至在夢中出現。

我幾乎可以肯定，每個人都曾夢到過有關兄弟姐妹死亡的夢，並且能找到那些潛在的強烈敵意。這在女性患者身上（除了僅有的一個例外）都得到了證實，而那個例外，並不需要複雜的分析，就能作為一個證據：

有一次，我正向這位女病人解釋某件事情，突然想到，她的病也許與這種情況有關。於是我就問她，是否做過這樣的夢；讓我驚訝的是：她的回答居然是否定的。但她說，她四歲時做過一個與此顯然無關的夢（她是家裡最小的孩子），後來這個夢又常常反覆出現：「一大群小孩在草原上玩遊戲，

其中包括她的表兄和表姐；突然間，他們全長出翅膀飛走了，且再也沒有回來。」

她本人並不瞭解這個夢的意思，但我們可以看出：這個夢確實是表示所有小孩都死亡的夢，但它沒有被「檢查作用」過濾，而以一種原始的形式表現出來了。我可以作一個大膽的推斷：這個女病人小時候和別的小孩一起生活，而在這麼多孩子裡，曾有個孩子夭折了，而當時不到四歲的夢者一定問過這樣的問題：「小孩死後會變成什麼樣子？」也許她得到的答案是：「他們身上會長出小翅膀，然後就變成了小天使。」經過這個推斷，夢中的兄姐就像天使一樣長出了翅膀，最後飛走了（這一點很重要）。然而夢者本人——天使的製造者卻留了下來，其餘都飛走了。一群小孩在草原上玩遊戲，突然……飛走了，這好像是在說蝴蝶——由此看來，小孩的聯想，就與古人認為靈魂有蝴蝶般翅膀的聯想一樣。

說到這裡，也許有人會問：「就算兄弟姐妹間存在著敵視態度，但小孩怎會壞到像你所說的那種程度？難道小孩會希望他的對手、比他強大的夥伴全部死去嗎？難道小孩懲罰罪惡的方法，只有置他人於死地嗎？」

可是人們沒有注意到：小孩對死亡的理解並不像成人那樣，小孩並不理解屍體、腐爛、陰森的墓穴、恆久的虛無，以及由此產生的種種恐怖印象，而這些對大人來說是無法忍受的。小孩根本無法理解恐怖的死亡，他甚至會和他的夥伴開玩笑：「如果你再那樣做，就會像弗朗西斯一樣死去。」但假如一個母親聽到這樣的話，她肯定會大為震驚，因為在她看來，有很多孩子會早早夭折；一個八歲左右的孩子，和他的母親參觀完自然歷史博物館後，這個孩子對媽媽說：「我親愛的媽媽，我是多麼的愛你！如果妳死了，我要把妳做成標本放在房間裡，那樣我就能天天看到妳了。」

從上面幾個日常例子中，我們可以發現：小孩對死亡的認知與成人的有著千差萬別。另外，對一個沒有遇過臨死前痛苦場面的小孩來說，「死亡」就是「離開」的象徵，而「離開」則意味著「不再打擾那些活著的人們」。但小孩不明白這種「離開」是怎樣形成，是因為距離上變遠，還是關係的疏遠，抑或是死亡。

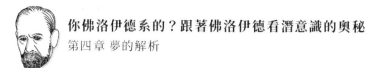
　　有一位對精神分析稍有研究的父親，想看看自己的女兒是否能區分「死亡」和「離開」兩個概念，他的女兒已經四歲了，而且極為聰慧。有一次，小女孩在吃飯時搗亂，而當她看到家裡的女傭人在瞪著自己時，她就對父親說：「讓那個約瑟芬趕快去死。」她的父親平和地問她：「為什麼一定要她死呢？讓她離開不是更好嗎？」這個小女孩答道：「不行！她離開之後還會再回來。」從兒童的利己主義來看，他們把任何細小的干涉都視為不可寬恕的罪過，因此在他們的法典裡只有一種刑罰——死。

　　現在讓我們來設想一下：一個小孩很小的時候，他的保姆被解僱了，不久後母親又去世了。從我們的分析來看，這兩件不同的事情，在小孩的記憶裡將會疊加成一個單獨的事件，而且小孩對離開的人並不會表現出強烈的思念，這一點經常使某些不瞭解內情的母親傷心不已。比如說，有個母親外出旅行了好幾天，當她回來後聽到傭人說：「妳不在家時，孩子從未問起妳」；但是如果母親去世了，永遠不會回來，孩子起初似乎忘了她，但隨著年齡的增長，自然會逐漸回憶起去世的母親，並為她哀悼。

　　所以，當一個小孩希望別的小孩離開時，難免會用死亡的形式表達這種願望；而從那些包含死亡願望夢裡的心理反應，可以證明：儘管夢中的內容差異甚大，但兒童所表達的願望和成人的願望是相同的。

　　從上面的論述中，我們可以知道：小孩夢見兄弟姐妹死亡，是因為他們的利己主義。他把兄弟姐妹看成了競爭對手，引起了潛意識中的敵意；那對於父母死亡的夢又該如何解釋？父母生我、養我、愛我，即便從利己主義出發，也不該有這種期待父母死亡的願望吧！

　　我們可以找到某些線索，來解釋這個問題：大多數類似的夢中，夢者都夢見了與他同性的親人之死。也就是說，男人夢到了父親之死，女人則夢到了母親之死。當然，這並不是絕對，但絕大多數情況下是這樣；所以，我們要從那些具有普遍意義的因素出發——根據童年「性」的選擇規律，男孩視父親為情敵，女孩視母親為情敵，因此只有在除去情敵的條件下，夢者才能如願以償。

　　也許有人會認為我的說法是奇談怪論，但我希望大家能先思考父母與兒童的關係；而在考慮這層關係前，我們要把傳統的行為標準、世俗孝道所要求的父子關係，與日常生活中真實的父子關係分開，才能發現：父母和兒童之間常常隱含著敵意。正是這種關係，為那些無法通過「檢查制度」的願望，提供了絕佳的機會。

　　我們先來看看父子間的關係：在古代家庭裡，父親越是暴虐，兒子就越敵視父親，內心急切盼望父親儘快死去，就能繼承父親的大權；在那些中產階級的家庭裡，父親往往不讓孩子自由選擇，甚至違背孩子的意願，使父子間的敵視日益緊張。醫生在現實生活中經常可以看到這樣的現象：儘管兒子在聽到父親去世的噩耗時悲痛欲絕，但偶爾仍會流露出終於得到自由的滿意神色；一般情況下，現代家庭中的父親仍牢牢地握著父權不放，因此著名的詩人易卜生才會在他的戲劇中，充分體現這種歷史悠久的衝突。

　　當女兒長大成人，並希望獲得性自由時，卻發現母親總監視著自己，於是母女間就形成了衝突和敵對；另一方面，母親面前的女兒已是亭亭玉立，這也使母親為自己失去的青春而感傷。

　　以上的事實都是我們耳聞目睹的，但對那些推崇孝道的人們來說，這種親人死亡的夢是無法解釋的；然而我們卻可以依據上述的探討，去探索童年早期死亡願望的來源。

　　對精神病症的分析，無疑證實了我上面的觀點，分析的結果表示：小孩最原始的「性願望」很早就已經產生。女孩最早的情感對象是父親，而男孩的對象則是母親。對男孩來說，父親成了他嫉恨的情敵，女孩亦是如此。就像上述兄弟姐妹間的敵意一樣，小孩把這種情感寄寓到「死亡的願望」裡。

　　當然，為人父母者也有同樣的「性選擇」。一般情況下，父親疼愛女兒，而母親則疼愛兒子，但這種規律並不會改變判斷力，每個父母還是嚴格的教育子女；但小孩本身注意到這種偏愛，於是反抗不那麼疼愛他的一方。小孩並不滿足於實現某個特殊願望，還希望父母們聽他的話、縱容他的各種意願。簡而言之，小孩之所以這樣做，首先是出於自身的「性本能」，而父母的偏愛，更加強了他這種傾向。

　　我曾經仔細研究過一位經歷過不同精神狀態的年輕女子：起初，她的疾病處於一種極為混亂的激動狀態，並且對她的母親表現出極大的厭惡，每當母親一走近她，她就又哭又鬧；相反的是，她對比自己大兩歲的姐姐百依百順。接著她又處於一種神志清醒的狀態，但此時她極其冷漠，也睡不安穩。我就是在這種情況下對她進行了治療，並分析了她的夢。她的很多夢，都是以不同形式表現出母親的死亡：有時她夢到自己去參加一位老婦人的葬禮；有時又夢到她和姐姐穿著喪服一起坐在桌旁。這些夢的意思都很明顯。而當她疾病開始好轉時，她又表現出歇斯底里性的驚恐。在這種情況下，她非常擔心自己母親，深怕她發生什麼意外。不管在什麼地方都要急忙回家，好確認母親還活著。

　　這個特殊的病人，還有其他的一些經驗使我深受啟發：精神系統對同一刺激觀念，會作出不同的反應，就像用不同的語言來翻譯同一句話。我認為在混亂的狀態中，那些平時受到抑制的精神系統，推翻了續發精神系統，從而使她的潛意識裡對母親的敵意強烈的表現；而當她清醒時，潛意識裡的反叛就此平息，檢查制度得以重建——如此，只有在夢中才能實現希望母親死亡的願望了。如果她可以保持正常狀態，就會產生一種歇斯底里性的逆反應和防禦現象，但這又會讓她過度擔憂自己的母親。由此不難瞭解：為什麼患有歇斯底里的女子，總會對母親表現出強烈的依附情感。

　　以我的經驗來看，那些後來才患有精神病的患者，在兒童時期父母在他們心中占有重要的地位。童年時期，他就深愛著雙親中的一方，而怨恨另一方，從而產生了一種永久性的心理衝動，同時也是他們日後患上心理疾病的重要原因。但我並不認為，精神病患與正常人在這方面存在著差異——即我不認為，這些患者能夠自創出離奇的東西。比較客觀的說法（透過對正常孩童的觀察，可以得到證實）是：在對父母愛與恨這一方面，後來患上精神病的孩童表現得更為強烈。從古代流傳下來的一些傳說裡，多少能看到類似的現象。而要想真正發現這些現象的普遍性、深刻性，只能透過對孩童心理的假設來實現。

對於這種親人死亡的「典型的夢」，我打算作幾點補充，來表明它們對一般的夢理論有著重要的意義，這些夢顯示出一種不尋常的特性：一些潛伏的、被抑制的願望未經「檢查作用」，以原本的面貌出現在夢裡。出現這種情況需要兩個前提：

首先，我們的內心一定有被潛藏的願望，而對於這些願望，我們非常有自信，認為它們絕不會在夢中出現，所以這些潛藏的願望，就成功地逃過了「檢查作用」——就像所羅門王的法典一樣，策劃之初他並沒有想到把「弒父罪」加進去；其次，這種願望能以一種擔憂親人的形式，與白天的一些心靈殘留物相互融匯，也使憂慮的感受伴隨相應的願望出現在夢中。因此，白天對親人的關注，是在掩飾夢中的死亡願望。如果有人非要認為夢純粹是一種夜間的心靈活動，而對親人死亡之夢另作一番解釋的話，那他們的解釋將更加簡單，也不用去探究對那些尚未解決的問題了。

對這類夢與「焦慮夢」關係的研究，非常具有啟發性。在這類夢裡，潛藏的願望可以避開「檢查作用」，故毋須經過改裝加工，由此給人一種真實感，而在夢中引發痛苦、哀傷的情感；「焦慮夢」也是被「檢查作用」壓制下的產物，與此相反的是，只有身體的刺激引起真實的憂慮感時，「檢查作用」才得以恢復。由此可以看出：心靈只能透過「檢查作用」來改裝夢，以避免產生憂慮和其他形式的痛苦情感。

前面我們已提到，兒童心理中的完全自我主義，而我現在要強調的是：所有的夢都是以自我為中心的，每個夢中我們都可以發現自我的存在，有時自我也會經過改裝後，出現在夢中，夢所實現的願望也都是自我的願望，從表面上看來是「助他」的夢，事實上卻是「利己」的。

國家圖書館出版品預行編目（CIP）資料

你佛洛伊德系的？跟著佛洛伊德看潛意識的奧秘 / 劉燁 編譯. -- 第一版.
-- 臺北市：崧燁文化，2019.11
　　面；　　公分
POD 版

ISBN 978-986-516-178-1(平裝)

1. 佛洛伊德 (Freud, Sigmund, 1856-1939) 2. 學術思想 3. 精神分析學

175.7　　　　　　　　　　　　　　　　　　　　　108018866

書　　名：你佛洛伊德系的？跟著佛洛伊德看潛意識的奧秘

作　　者：劉燁 編譯

發 行 人：黃振庭

出 版 者：崧燁文化事業有限公司

發 行 者：崧燁文化事業有限公司

E - m a i l：sonbookservice@gmail.com

粉 絲 頁： 　　網址：

地　　址：台北市中正區重慶南路一段六十一號八樓 815 室

8F.-815, No.61, Sec. 1, Chongqing S. Rd., Zhongzheng

Dist., Taipei City 100, Taiwan (R.O.C.)

電　　話：(02)2370-3310 傳　真：(02) 2388-1990

總 經 銷：紅螞蟻圖書有限公司

地　　址：台北市內湖區舊宗路二段 121 巷 19 號

電　　話：02-2795-3656 傳真 :02-2795-4100　　網址：

印　　刷：京峯彩色印刷有限公司（京峰數位）

定　　價：300 元

發行日期：2019 年 11 月第一版

◎ 本書以 POD 印製發行